中华日常礼仪基础教程

第四册

燕　饮

张德付　编著

中华书局

图书在版编目(CIP)数据

中华日常礼仪基础教程.第四册,燕饮/张德付编著. —北京:中华书局,2019.7

ISBN 978-7-101-13836-8

Ⅰ.中… Ⅱ.张… Ⅲ.礼仪-中国-中小学-教材 Ⅳ.G635.5

中国版本图书馆CIP数据核字(2019)第059146号

书　　名	中华日常礼仪基础教程　第四册　燕饮	
编 著 者	张德付	
责任编辑	祝安顺　任洁华	
出版发行	中华书局	
	(北京市丰台区太平桥西里38号　100073)	
	http://www.zhbc.com.cn	
	E-mail:zhbc@zhbc.com.cn	
印　　刷	北京瑞古冠中印刷厂	
版　　次	2019年7月北京第1版	
	2019年7月北京第1次印刷	
规　　格	开本/787×1092毫米　1/16	
	印张6¾　插页2　字数60千字	
印　　数	1-10000册	
国际书号	ISBN 978-7-101-13836-8	
定　　价	20.00元	

出版说明

　　燕饮是宾主交往时经常出现的活动，所以《燕饮》一书直接承接《宾主》而来。本书课次的安排尽量遵循古代燕饮活动的程序。醴、茶、酒是燕饮中最常用的饮品，文化意义丰富，且有些内容不为人们所注意，因此各予以专门介绍。

　　本书各课内容皆由正文、思考讨论、链接三部分组成。正文细分小节，撮举大要，以便读者能够提纲挈领。思考讨论用以检验所学、拓展思维。链接则尽量选取相关诗词，以增加阅读的兴味。

　　本书正文凡征引经史文字，为保证阅读顺畅，括注出处时，或标举书名、篇名，如"《论语·乡党》"；或标举卷数，如"《袁氏世范》卷下"。凡征引现代人的著作，首次引用，详细标注出版信息，再次引用则从略。

　　本书附有配套的测评试题，试题链接二维码在封底，读者可以扫码在线自测，据以检测自身礼仪知识水平。

重建礼乐文化生活（自序）

　　自古以来，礼（乐可以统摄于礼）既是中华文化的"心"（民族精神所系），又是中华文化的"身"（攸关社会制度），可以说是中华文化的全副精神与面目所在。两千多年来，作为传统中国人基本的生活样式，礼陶铸着万民的品格，培蓄着民族的元气。

　　二十世纪六七十年代，流寓香港的唐君毅先生基于自身辗转就医的经历，会悟到中华民族传统的生活方式正在消逝，遂提出重建礼乐文化生活的主张。何谓礼乐文化生活呢？唐先生说："礼乐文化生活是指人的自然生命与日常生活本身成为文化的，而文化亦是日常生活中的，亦是属于自然生命的。"（唐君毅《东方人之礼乐的文化生活对世界人类之意义》，收入其著《中华人文与当今世界》，台湾学生书局，1975年，第606页）也就是说，礼乐文化生活，是要将人的自然生命，通过礼乐的涵养、浸润，转化为文化的生命；将日常生活，通过礼乐的塑造、融摄，升华为文化的生活。这是何等敏锐的洞见。值得庆幸的是，世运几经浮沉，而今国势日隆，重建礼乐文化生活也到了最迫切的时刻，每个人心里都涌动着对文化生活的渴求，流淌在血液里沉睡已久的文化因子终于开始觉醒。

　　我们该如何重建礼乐文化生活呢？晚年的朱熹于礼学有一番大的省思。

礼乐废坏二千余年，若以大数观之，亦未为远，然已都无稽考处。后来须有一个大大底人出来，尽数拆洗一番，但未知远近在几时。今世变日下，恐必有个"硕果不食"之理。

（《朱子语类》卷第四十八）

虽然生于文化肇极的赵宋之世，朱熹基于儒家的理想，并不认为那是礼乐和洽的时代，他认为孔子以来的礼崩乐坏问题，还没有得到解决。朱熹预言后来者必有一番彻底整理，并指明了其方法——拆洗。礼乐有文、有情，识其文者能述，知其情者能作。拆洗就是要据文探情，推本古人制作礼乐的原理，然后秉此原理，斟酌损益，以期契于世用。因此，重建不是复古，而是创造性地再现。具体地说，对那些适合现代生活的礼仪，我们理应加以发扬。对那些不太适合现代生活的礼仪，我们则要谨慎地调整，然后再加以发扬。

生活于这个时代，远离战火，乐享太平，而且正迎来中华民族的伟大复兴，我们是何等的幸运！早在九十年前，梁漱溟先生就曾预言："我觉得中国之复兴，必有待于礼乐之复兴。"（《朝话·谈音乐》，收入《梁漱溟全集》第二卷，山东人民出版社，2005年，第122页）

更幸运的是，身处历史的转折点，我们终有机会成为文化的先觉者与先行者，去开启一个文明开化的新时代。《诗》云："周虽旧邦，其命维新。"此之谓也。

目录

第一课　燕饮概说

韩信年少时，家中贫穷，经常挨饿。一次，韩信到城下钓鱼，一位老婆婆在河边洗涤丝絮，看到韩信非常饥饿，就取来饭给他吃。韩信很高兴，对老婆婆说："我将来一定重重地报答您老人家。"老婆婆生气地说："你作为大丈夫，却不能养活自己。我是同情你才给你饭吃，难道是希望得到你的报答吗？"后来，韩信帮助刘邦打败项羽，建立了赫赫功业，被封为楚王。韩信寻访到那位老婆婆，赏赐给她很多钱财（千金。《史记·淮阴侯列传》）。从此，一饭千金便成为受恩重报的代名词，韩信也成了知恩图报的典范。

一饭千金

礼始饮食

古人说："王者以民为天，而民以食为天。"（《汉书·郦食其传》）俚语有云，"吃饭皇帝大"。饮食不仅使人类的生命得以延续，而且使得人类的文明得以演进。

先贤曾根据饮食的状态对人类文明加以区分。首先，以是否用火烧炙、烹煮食物，把人类历史区分为"不火食"和"火食"两大阶段。上古时代，人类没有掌握用火技术的时候，只能生吃植物的种子、动物的血肉，茹毛饮血，处于"不火食"的状态。后来有圣人出现，学会用火烧炙、烹煮食物，人类便进入"火食"阶段。后世祭祀，多用生肉，称为"血食"，大概是对人类原初饮食状态的追念吧。有研究表明，"火食"大大促进了人类大脑的发育（马丁·琼斯著、陈雪香译《宴飨（xiǎng）的故事》，山东人民出版社，2009年，第86页）。看来，我们把烹煮食物的火看作人类文明的曙光，也不为过。

其次，先贤还根据"粒食"（以谷物为食）与否，来区分渔猎文明与农业文明。渔猎民族"不粒食"（《礼记·王制》），饮食以肉类为主，其文化"贵壮健，贱老弱"，分配食物时，"壮者食肥美，老者食其余"（《史记·匈奴列传》）。农业民族则过着"粒食"的生活，其文化重孝悌，尊老慈幼，给老人以特殊的照顾（七十者衣帛食肉。《孟子·梁惠王上》）。很多民族都经历过由渔猎到农业的转变。古汉语中，打猎称为田（通"畋"），耕种也称为"田"，还保留着文明演进的遗痕。从"不粒食"到"粒食"，自然也是文明进步的象征。

人类经过"火食"与"粒食"两次饮食革命，都实现了文化的巨大飞跃。这充分印证了一句话，"夫礼之初，始诸饮食"（《礼记·礼运》）。

人是社会的存在，宾主交接势所难免。主人以饮食招待宾客，是宾主交接的一般形式。主人设宴招待宾客，从本质上讲是一种共享食物的

行为。这种共享行为出于人性。自然界中的动物，大概只有人类围绕食物时，不是龇牙咧嘴地争抢，而是面带笑容地共享（马丁·琼斯著、陈雪香译《宴飨的故事》，第3页）。

据考证，英文companion（伙伴）一词的拉丁词源：com-意为"共同"；-pani-的原型为panis，意为"面包"；加词尾-on，即为"共享面包的人"（埃西尔·伯奇·唐纳德编《现代西方礼仪》，上海翻译出版公司，1986年，第106页）。

汉字的"乡"繁体写作"鄉"，其甲骨文（🝒）、金文（🝒）的构形，正是两人相向安坐，共同享用食物的形象。"燕饮"的"燕"，通"宴"，其实就是"安"字。"安"的完整形态作🝒，"女"字右下侧的符号（丿）代表筵席。因为在古礼中，宾主交接只有到了"燕宾"的环节，主人才"请坐于宾"，此前宾主双方大部分时间都是站立着的（《仪礼·乡饮酒礼》）。所以，"🝒"可以看作是对燕飨之礼的形象表达，宾主双方在一种和乐的氛围中，安坐着共享美食。《周易》说："君子以饮食宴乐。"这种宴乐不是独乐，而是宾主共乐。

燕饮功能

仁宾客

《礼记·仲尼燕居》说："食飨之礼，所以仁宾客也。"仁，是亲近之义。燕饮的一大功能就是增进宾主之间的感情。平时，彼此都保持理性的状态，情感的表达有所克制。在推杯换盏的过程中，彼此的情谊又增进一层。更何况，人们酒酣耳热之后，真性情便流露出来，常会说几句掏心窝子的话，那时真算得上"和乐且孺（和乐融洽，相亲相爱）"（《诗经·小雅·常棣》），彼此的情感也得到了升华。

观威仪

燕饮是宾主互动的活动，有固定的礼仪程序与要求。一个人的礼仪修养会在互动过程中表露无遗，所以燕饮就具备了检验个人修养（观威仪）的功能。

卫定公访问晋国期间，曾经设宴招待权臣郤犨（xì chōu）。郤犨与侄子郤锜（qí）、郤至，合称"三郤"，当时在晋国权势正盛。宴会上，郤犨显得比较傲慢。担任相礼的宁惠子（卫国大夫）说："郤氏恐怕要灭亡了。古人制定享食礼仪，是用来观摩威仪、省察祸福的。《诗经》说：'兕（sì）觥（gōng）其觩（qiú），旨酒思柔。彼交匪傲，万福来求。'现在郤犨如此傲慢无礼，这是取祸之道。"（《左传·成公十四年》）燕饮时，应该保持柔顺中和，宾主共乐，不宜放纵任性，喧哗傲慢。郤犨在权势盛大的时候，不知谦虚退让，如何能长久呢？果然不出宁惠子所料，三年之后，郤犨被杀，"三郤"惨遭灭门。

讲德美

很多时候，燕饮并不是单纯为了饮食，而是为了行礼，以彰显彼此的身份与关系，不可逾越界限（射乡食飨，所以正交接也。《礼记·乐记》）。既然是为了行礼，不论是主人还是宾客，在燕饮时，都要遵循礼仪，崇尚德行，贵礼贱食。

明代沈鲤退休后，在老家闲居。他生日那天，族人为他祝寿，皇帝也派使者前来问候。沈鲤的堂弟私下里对他说："兄长位至宰相，生日承蒙皇帝问候。而子侄们又都非常有才干，咱们沈家可以算得上隆盛了。"沈鲤听了之后，满脸忧愁，过了许久，他说道："你认为沈家兴盛，我却担心沈家将要衰落。"堂弟愕然，询问是何缘故。沈鲤说："咱们同乡宋纁，家法可敬，宋家将要兴盛，我们沈家是赶不上的。不久前，宋纁过生日，我参加了宋家的宴会。宋氏子弟数十人，在宴会上非常安静，竟然听不到他们吃饭、喝酒的声音。昨天，我过生日，看到沈氏子弟吃

饭、喝酒，毫不顾及尊长。家法如此，能不衰落吗？"后来，沈家第三代衰落了，而宋家又出了好几位名人（如宋权、宋荦），直到清代都很兴盛（王士禛《池北偶谈》卷九）。

主人设宴招待宾客，应该遵循礼仪，不可因家境贫寒而废礼，也不可因家境殷实而越礼。对礼仪的坚守，就是德性的表现。宾客当然也要以礼自持，如果主人不能以礼相待，即便是山珍海味也不会品尝一下。《诗经·大雅·既醉》说："既醉以酒，既饱以德。"正是因为主人德行美好，宾客才兴致高昂，能够喝足吃饱。

楚国太宰子朱侍奉令尹（楚国的最高官衔）子国进食，子国尝了下羹汤，觉得太烫，他拿过杯子就往里面倒凉水。第二天，子朱辞官而去。仆人很纳闷，问："太宰这样的职位，不容易得到，您为何辞官不做呢？"子朱说："令尹举止轻浮，礼节简慢，非常容易羞辱别人。"第二年，子国果然不分好歹，随便找个由头，打了一位郎尹（官名）三百板子（《淮南子·人间》）。子朱通过令尹饮食上的细节，窥见其为人，见机避祸，非常明智。

燕饮公私

传统社会根据举行燕饮活动主体的不同，把燕饮分为公宴、私宴两大类。公宴是以官方为主体举行的燕饮活动。私宴是以私人为主体举行的燕饮活动。

公宴往往有着严格的规定，基本上是以爵位高低为标准。现代社会，政府（或公司）的公务接待就属于公宴，接待的规格一般根据职务高低而定。这样做主要是为了划定权限，防止贪腐，并不是为了彰显特权。私宴也有相应的规定，尤其是担任公职的人，举行私宴所受的限制就更大。《礼记·玉藻》中规定，"诸侯无故不杀牛，大夫无故不杀羊，士无故不杀犬豕"。

燕饮公私的界限应该明晰，不可混淆。私物可以用于公宴，公物则不可以用于私宴。比如，不可用公车接送私人宾客。古代，这方面不仅有礼仪名分的限制，还有法律的规定。为传送文书，古代设有驿站，驿站养有驿马，供递送文书的驿使骑乘。唐律规定，如果驿使增乘驿马，增乘一匹判处一年徒刑，每增加一匹罪行增加一等。如果骑乘驿马，改变路线至其他地方，多走一里路杖打一百，以后每多五里罪加一等，最高可判处两年徒刑。如果骑乘驿马携带私人物品，带一斤杖打六十，以后每多带十斤罪加一等，最高可判处一年徒刑（《唐律疏议》卷第十）。

公物只能公用，不可私用。如果私用，就有贪赃的嫌疑。公物公用，若有剩余，应该还公，如果私用，也属贪赃（《唐律疏议》卷第十五）。这些律条都是为了防止贪污而设立。

公宴上获赠的礼物，即使是赠送给个人的，也应当由受赠者禀明主管部门，听从安排，不可擅归己有。依照古礼，使者出使携带的礼物包括官方赠送给他国国君、夫人的礼物，还有使者以个人身份赠送给他国国君、夫人以及卿大夫的礼物。前者由国家提供，后者则是使者的私人物品。使者获赠的礼物同样包括两方面：官方回赠国君的礼物（公币）以及以私人身份回赠使者的礼物（私币）。这些礼物都要登记在册。回国后，使者要向国君禀明，听候国君的安排。最终，国君赏赐礼物给使者，才能真正归于私有（《仪礼·聘礼》）。可见，礼中公私的界限是非常严格的。唐律规定，财物应该交给官方却被私人占有，应该属私人所有却交给了官方，都属于违法行为（《唐律疏议》卷第十五）。

不预燕饮

从吉凶来分，燕饮属于吉事。既然属于吉事，就不可与凶事相干。

依照古礼，使者出使时，若遭遇丧事，不论是国丧（本国国君去世或主国国君、夫人去世），还是私丧，都不再行飨食之礼（《仪礼·聘礼》）。后世法律明文规定，居丧期间，不可以参加宴会（《唐律疏议》卷第十）。

礼尚往来，若家贫不能为礼，除了人情往来之外，其他闲燕不宜参加。北宋真宗年间，天下无事，士大夫常选择风景优美之地燕饮，市楼酒肆多成为他们的游息之地。晏殊家贫，杜门不出，与兄弟们讲习学问。真宗知道后，就命晏殊担任东宫官职。面见真宗时，晏殊如实禀告说："臣下并不是不喜欢燕游，只是家贫无力为礼。如果臣下有钱，也肯定会去参加的。只是没钱，不能出门罢了。"真宗赞美他诚实，从此对他更加信任（沈括《梦溪笔谈》卷九）。

思考讨论

你参加过哪些公私燕集活动？人们在活动中有无失礼的行为？应该怎样避免呢？

链接

鹿鸣

呦呦鹿鸣，食野之苹。我有嘉宾，鼓瑟吹笙。吹笙鼓簧，承筐是将。人之好我，示我周行（háng）。

呦呦鹿鸣，食野之蒿。我有嘉宾，德音孔昭。视民不恌（tiāo），君子是则是效。我有旨酒，嘉宾式燕以敖。

呦呦鹿鸣，食野之芩（qín）。我有嘉宾，鼓瑟鼓琴。鼓瑟鼓琴，和乐且湛（dān）。我有旨酒，以燕乐嘉宾之心。

（《诗经·小雅》）

公讌（yàn）诗

魏·曹 植

公子敬爱客，终宴不知疲。清夜游西园，飞盖相追随。明月澄清影，列宿正参差。秋兰被长坂，朱华冒绿池。潜鱼跃清波，好鸟鸣高枝。神飚（biāo）接丹毂（gǔ），轻辇随风移。飘飖（yáo）放志意，千古长若斯。

（曾国藩《十八家诗抄》卷一）

第二课　备宴

永嘉之乱后，大批朝士南渡，他们若被东晋朝廷重新任命为官，一般都要设宴庆贺。羊曼（东晋大臣）被任命为丹阳尹，依例设馔宴宾。羊曼招待来客，只根据他们来的早晚供给菜肴而不问身份贵贱。早到的客人，都享用到精美的菜肴。日头渐晚，佳肴渐尽，后来的客人就没有机会享用到之前那样的佳肴了。羊固（著名书法家）被任命为临海太守，也设宴招待来宾，则是另外一种做法，一整天都能为来宾提供精美的菜肴（《晋书·羊曼传》）。

羊曼、羊固备宴不同

羊曼为人真率，虽在宴会之前，做了准备，但没有羊固准备得那样充分。如果严格以礼仪衡量，羊曼待客终究有些不周。

燕饮之前都应该做哪些准备，才能免于失礼呢？

时　间

先秦时代是一日两餐，至东汉，改为一日三餐。战国时代，滕文公在孟子的感化下，施行仁政。农家学派的人物听说后，便纷纷前往滕国，表示拥戴。其中一位农家领袖许行则认为，滕文公确实算是贤君，但做得还不够好，应该更进一步，"与民并耕而食，饔飧而治"（《孟子·滕文公上》）。早上那一餐叫作饔（yōng），下午那一餐叫作飧（sūn）。

先秦时代，早上和晚上都可以宴请宾客。依照古礼，很多礼仪都是黎明时分就开始了。礼仪之后，主人与嘉宾燕饮，往往会在上午。比如，婚礼纳采、问名之后，主人醴宾就是在上午（《仪礼·士昏礼》）。

现代社会，人们很少在早上宴请宾客，一般都是在中午或傍晚。如果是举行礼仪活动，宴会的时间自有惯例可循。如果是单纯地宴请宾客，具体时间应该跟对方沟通之后再确定。

宴会时间既已确定，宾客应当尽量准时到达。一般来说，提前十分钟至一刻钟（15分钟）到达，是比较合适的。提前太早，则会烦扰主人。宴会一般有固定的程序，宾客迟到将会引起一

甄琛讥邢峦迟到

系列的延迟，所以最好不要迟到。万一迟到，宾客应该向主人致歉，主人则应当涵容。北魏甄琛（zhēn chēn）一次宴客，其他宾客都按时到达，只有邢峦迟到。甄琛问道："你在什么地方放蛆（qū。放蛆，犹胡扯）呢？这么晚才来！"虽然只是一句戏言，但还是令人难堪，邢峦脸色都变了，

从此对他心怀怨恨（《魏书·甄琛传》）。

人　数

如果不是礼仪活动中的宴会，而只是朋友之间的燕集，那就要用心规划宾客名单，并把握好宾客的人数。一般来说，最好将气质相近、趣味相投的人聚集在一处。这样彼此之间的相处会比较融洽，不至于冷场，也不至于发生争端。宾客人数的多寡，会对燕集的效果产生不同的影响。人数越多，燕集的话题就会越分散，越不利于深入交流。

曾皙（xī）的志向是这样的：暮春时节，脱去笨重的冬装，换上轻便的春服，"冠者（成人）五六人，童子六七人"，在沂水边洗去不祥，到舞雩（yú）台上吹吹风，一路歌咏而归（《论语·先进》）。五六人确实是朋友燕集比较理想的数字。试想一下，少于此数，其中若有一两个人寡言少语，那该多落寞；多于此数，其中若有两三个人能言善辩，那又会多聒噪。这五六人彼唱此和，歌声也如春天里大地吐纳的气息一样自然宁静。

东晋永和九年的兰亭雅集，同样是在暮春时节，参加雅集的有四十多人。与会者吟诗作赋，作不出就要受罚，可以想象该是怎样热闹的场面。比起曾皙的朋友燕集，兰亭雅集似乎少了些从容恬淡。

周代乡饮酒礼，堂上的宾客有五人（正宾、介各一人，众宾三人），再加

兰亭修禊图（局部）

上主人，堂上共有六人（《仪礼·乡饮酒礼》）。另外，还有一位"遵者"，他是本乡的贤达（爵位为大夫的人），辅助主人招待宾客，可以来，也可以不来。这样的宾主构成并不是偶然的规定，其背后有着深刻的思考。主人为免礼数不周而请人作陪，那宾自然也需有人辅助（介）。另外，为免正宾拘谨、落寞，而另外邀请三宾陪同。这都是人之常情。先贤的解释非常巧妙，宾、主法象天地，介、遵法象阴阳，三宾法象三光（日、月、星。《礼记·乡饮酒义》）。小小的客堂，居然涵纳了整个宇宙，这是中国人的气魄。后来民间的餐桌，最大的不过容纳八人，号称"八仙桌"。这也不是偶然因素造成的。一场燕集超过了八人，就会三五成群，各自形成小圈子了，那主角（正宾）就有可能会被忽视，乃至受到冷落。

总之，朋友小聚，三五人足矣，这样才便于促膝谈心，谈论一些亲切有味的话题。普通朋友燕集，不超过八人为妥，这样才便于突出中心，不致过于分散。若是超过十人，燕集时势必会形成不同的小圈子，事前就要考虑分席而坐了。

邀　请

既已决定宴请嘉宾，应该事前邀请。邀请方式有多种，可以当面邀约，也可以通过电话或致送请帖邀约。致送请帖是最正式的邀约方式。传统请帖多附有回帖，只要在回帖上填好"敬谢"（不接受邀请）或"敬陪"（接受邀请），撕下来寄回就好。普通请帖格式如下：

某月某日某时洁樽候

光　　　　　　　　某某谨订

席设本宅

请帖中的"洁樽"，也可以改成"便酌"或"菲酌"等字样。如果是请吃茶点，可以改为"茗点"或"茗叙"。"候光"也可以改成"恭候台光"或"恭候驾临"（黄顺华编辑《现代中国人的礼仪》，1987年，妇女杂志社，第141页）。依照古礼，面对主人的邀请，宾客要礼辞一番。主人再次邀请，宾客才答应。主人的邀请一般不超过三次。比较熟悉的朋友之间，则不需要这些客套。如果邀请朋友作陪，则要对所邀请的正宾略做介绍。有时候，有必要将其他受邀人的姓名告知宾客。宾客受到邀请后，应该尽快给予回复，以便主人早做安排。

食　谱

正规的礼仪场合，燕饮有固定的食谱以及进献的流程。宋代，社会上已经出现专门负责承办宴会以及租赁宴会所需器物的机构。桌椅、餐具等物品，可以到茶酒司租赁；酒食等，可以请厨司筹备；下请帖，安排座次等，可以请白席人代办。主人家只需要出些钱财即可，不用费力。他们收取费用都有规定，不敢向主人多要（孟元老《东京梦华录》卷第四）。民间举行宴会，至今还是如此。久而久之，各地就形成各自的宴席食谱。若是礼仪活动的宴会，遵循地方的习俗就好。现代社会交际范围很广，常会有不同地区、不同宗教信仰的朋友参与宴会，那就要照顾到对方在饮食文化方面的禁忌。

若是一般的朋友聚会，拟定食谱时，最好充分考虑到各人的口味以及饮食习惯。否则，如果主人只顾及面子，净点些餐馆的看家菜，并不合宾客的口味，那也失礼了。菜量方面，应该秉持宁俭毋奢的原则。西方人说得好，"成功的晚餐取决于出色的餐桌安排，而非食物的份量；一堆堆如山的食物，比不上精心安排的三两道料理"（戈尔多尼《一仆二主》，转引自贾珂琳·柯诺著、韩书妍译《法式礼仪圣经》，积木文化，2018年，第51页）。

北宋范纯仁与司马光都很好客，但是家贫，他们相约发起"真率会"，宴会上不过"脱粟一饭，酒数行"（或说，真率会的会约是：酒不过五行，食不过五味，惟菜无限。邵伯温《邵氏闻见前录》卷十），但是人们都认为那是一桩胜事（《宋史·范纯仁传》）。

座　次

东西方文化存在种种差异，在接待宾客时座次的安排方面就是一个显著的例证。在法国，一般来说男女主人各坐在餐桌中央，贵宾座位分别在男女主人座位左右两侧（贾珂琳·柯诺著、韩书妍译《法式礼仪圣经》，第94页）。唐君毅先生曾指出，西方人请客，贵客坐在主人一侧，全宴会场面向主人集中，以主人为焦点。中国人请客，则宾客上坐，主人下陪，宾主相照。西方人是要表示对宾客的亲近，而中国人则是要表达对宾客的敬意（唐君毅《中国文化之精神价值》第九章，广西师范大学出版社，2005年，第189页）。中国人对宾客要体现"仁德厚"，并不是没有亲爱之意。只是中国人在"仁德厚"之中，一定要辅以"自卑而尊人"（《礼记·曲礼上》），爱中济之以敬。敬不只是使人与人之间有一距离，也是开拓爱的境界：两人如天地，各自独立，谁也不依附于谁。

宾坐尊位

传统礼仪，在封闭空间内，以朝向门户的座位为最尊，背向门户的座位为最卑。尊位应该由宾客来坐。

南越王赵兴即位后，对丞相吕嘉独揽大权不满，便想借汉朝使者之力除掉他。赵兴设宴招待使者，座次是这样的：使者都坐西朝东，太后坐北朝南，赵兴坐南朝北，丞相吕嘉及其他大臣坐东朝西（《史记·南越列传》）。不论是把使者视为宾客，还是视为天子的代言人，这样的座次安排都是合理的。

陪坐

若与宾客关系相对疏远或在学识方面存在一定差距，应该请他人代做主人与宾客周旋，而自己则在末座作陪。《官场现形记》中，赵温中了举人，赵家宴请王乡绅（中过进士）。赵家祖孙三代都是乡下人，唯恐照顾不周，就请了亲家方必开和方家塾师王孝廉（举人）作陪。由于赵老头全然不懂送酒安席的规矩，就拜托王孝廉替他做主人。当时的座次是：王乡绅居中面南，王孝廉居东面西，方必开居西面东，赵老头祖孙两个坐在底下作陪（李伯元《官场现形记》第一回）。这是顾及双方的学识差距，为免宾主间无法交流而做出的权宜之举。若主人与宾客间比较生疏，彼此还缺乏了解，沟通起来不顺畅，会让宴会的氛围大打折扣。这样的情况下，最好邀请一位与宾客熟悉的亲友陪坐或干脆请他代做主人，才不至于冷场尴尬。

席次

若是有两桌以上的宴席，不仅要注意座次，还要注意席次。若是两桌宴席，在室内，则以远离门户的一席为尊（首席），靠近门户的一席为卑；在室外（或半敞开的空间），面朝南或东，以左侧一席为尊，面朝北或西，以右侧一席为尊。若是三桌宴席，在室内，仍以远离门户的一席为尊；在室外（或半敞开的空间），中为尊，左次之，右又次之（五桌以上，一左一右间隔而排）。首席首座（最尊的座位）由上宾坐，次席首座由次宾坐。赵家宴请亲友，就是王乡绅那一席居中，王乡绅坐在首席首座（李伯元《官场现形记》第一回）。

陈存仁先生曾记录他在北京受邀参加"茶宴礼"的情形。

> 我一看里面排着五张方桌，每一桌桌前有红缎绣花的桌围。每一个桌子的正中，放一个太师椅，两旁各放二个太师椅，萧老先生即要推我坐在正中一席首位，我正在推辞，旁边一个"赞礼"的人，

高声地唱着："茶宴礼开始，请主人定席！"龙老就在正中一桌，拿了副筷子，双手举起。赞礼员叫着："奉揖，升座！"龙老行礼如仪。又喊一声"就位"，龙老略略作拂拭状，然后请我站在首席座位的后面，一时我不敢坐下，幸亏其他四桌也用这个"就位"的方式，请四位年龄最长的老名医就座。（陈存仁《银元时代生活史》，上海人民出版社，2000年，第151-152页）

陈存仁先生本是上海的中医，到北京游历，有一番奇遇，才有了这次茶宴礼。在这次茶宴礼上，北京的中医为主，陈氏外来为客。当时陈氏年龄刚过而立，而萧龙友（即文中的龙老）年已古稀，陪坐的施今墨也已年近花甲，仍由陈先生坐首席首座。这正是接待宾客的礼数。

男女分席

西方社会有男女座位交错的传统（贾珂琳·柯诺著、韩书妍译《法式礼仪圣经》，第13页），中国社会则自古秉持男女不同席、不杂坐的原则。举行宴会时，男子与男子共席，女子与女子共席。先秦时代，举行婚礼之后，男方设宴酬谢女方送亲人员，舅（公公）招待男客，姑（婆婆）招待女客（《仪礼·士昏礼》）。男女分别设宴，并不共席杂坐。直到现在，有些地方，即便是家宴，对此礼也还遵守不失，内眷与孩子专门在一桌用餐。男子在宴会上，常会饮酒行令，酒酣耳热之后，难免有些过格举动。男女分席是出于对女子的尊重。这样的传统，我们还是应该遵守的。

陈　器

宴会之前，要将所需器物备好，并陈放在相应的位置上。依照古礼，是在地面上铺设席子作为座位。食物摆放在各自席子前边的地面上

（因此宴会又称为宴席）。所以，那时宴会之前首先要铺设宾主的席位。后世，餐桌与座椅取代了席子，会餐取代了分餐。宾客过多，为免纷乱，可以制作座签，放在相应的位置上。席次既定，就要将酒水陈放好。依照古礼，酒樽（酒壶）放在宾主之间，表示宾主共享。另外，古礼特别强调要在酒樽的西边放一壶玄酒（即水），是要追念往古（古时无酒，只有水），以表示不敢忘本（《礼记·乡饮酒义》）。我们今天可以在酒壶西边放一壶开水（或茶水）。古人以手抓饭，讲究洁净，进餐前要盥手，饮酒前要洗爵，所以事前要在阼阶（东阶）东南陈放好水以及盥洗器具。直接用手进食，这是人类早期文明的共同做法，不仅古代中国人如此，印度、希腊都是如此。今天，人们已经不再直接用手进食，但餐前盥手的礼仪却保留了下来。

思考讨论

家中宴请宾客，你可以协助父母做些什么？

链接

轻肥

唐·白居易

意气骄满路，鞍马光照尘。借问何为者，人称是内臣。

朱绂皆大夫，紫绶或将军。夸赴军中宴，走马去如云。

尊罍（léi）溢九酝，水陆罗八珍。果擘洞庭橘，脍切天池鳞。

食饱心自若，酒酣气益振。是岁江南旱，衢州人食人。

（《全唐诗》卷四百二十五）

阻浅挺之平甫来饮

宋·梅尧臣

泛淮忌水大，我行浩以漫。泝（sù）汴忌水浅，我行几以干。

偶与困滞并，将独为此难。穷堤有来客，芬芳可与言。

共休绿榆阴，置酒聊慰安。主人虽仓卒，犹得具甘酸。

酸渍楚梅青，甘摘夏樱丹。引觞吞日光，耳热不复叹。

俛（fǔ）仰已陈迹，未可忘兹欢。谁思费生术，幻惑宁盘桓。

（朱东润《梅尧臣集编年校注》卷二十六）

第三课　食器

箕（jī）子，是商纣王的叔父，被孔子称赞为仁人。当初商纣王制作象箸（zhù，筷子）时，箕子就感到苗头不对，大为惊恐。他认为，象箸一定不会放在陶杯上，那就会用犀角、玉石做杯

箕子观纣王用象箸

子；犀玉杯一定不会用来盛豆和豆叶做的羹汤，那就会用牦牛、大象、豹胎做羹汤；这样的羹汤，必然不会穿着粗布衣在茅屋里食用，那就会穿上锦衣，建造广室高台。五年之后，纣王果然建造酒池肉林，生活放纵奢华，最终导致亡国（《韩非子·喻老》）。

箸、杯都属于食器。食器是礼器中非常重要的一个大门类。食器的运用有着严格的礼仪规定，不容忽视。

祭器·燕器·明器

根据使用场合的不同，食器可以分为祭器、燕器（也称用器、养器）、明器（后世称冥器）三大类。祭器用于事神祭祖，燕器用于人们的日常生

活，明器用于送给亡者。对这三类食器，礼有不同的规定。

祭器

中国人自古重视对先人的祭祀，若营造宫室，要先建造宗庙，然后建造马厩（jiù）、仓库，最后才是居室。若要制作器具，也要先制作祭器，后制作养器（《礼记·曲礼下》）。大夫这一阶层，不可以借用他家的祭器，那就要先行制作，祭器尚未制成，不可制造燕器（《礼记·王制》）。

先秦，祭器大都是用铜模铸而成，上面有很多文饰，有些还要铸上铭文。先贤认为任何人的先祖都会有善行，也难免会有恶行，后世子孙作铭文时，要称扬祖先的善行，让它流传后世。如果觉得先祖没有善行可称，是为"诬陷"；先祖有善行，子孙却不知晓，是为"不明"；子孙知晓祖先的善行，却不流传它，是为"不仁"。这三种情况，都是可耻的（《礼记·祭统》）。

祭器中的重器（鼎、尊等）铸成后，还要举行衅（xìn）礼，即杀死一头小公猪，把血涂在上面（《礼记·杂记下》）。

接待宾客，为了表示对宾客的尊敬，则可以用祭器，不用燕器（《礼记·坊记》）。若家道中落，即使贫穷，也不可以把祭器卖掉（《礼记·曲礼下》）。

大夫、士人如果因为政治原因离开本国，不可以将祭器带出边境，大夫的祭器要寄存在大夫家里，士人的祭器要寄存在士人家里（《礼记·曲礼下》）。祭器毁坏了，要郑重地埋掉，不可随便处理（《礼记·曲礼上》）。

古礼规定，一般祭祀，祭器都用铜器，只有郊祭（祭天、地）用瓦器（《礼记·郊特牲》）。后世遵循不改。至明洪武二年八月，朱元璋下诏，"凡祭器，皆用磁（通'瓷'）"，但器形仍然仿照古礼器制作（《明太祖实录》卷四十四）。祭器从此改用瓷器。

燕器

燕器是日常生活所用，在礼仪彻底融入日常生活的时代，燕器本身也蕴含着礼意。古礼中，饮食器大多有固定标准（大小）。礼明确规定，不合标准的饮食器，不可以拿到市场上出售（《礼记·王制》）。我国历史上很长时间内都是实行分餐制，著名的《韩熙载夜宴图》（五代时期）就是分餐。合餐制的定型，是在宋代以后（王仁湘《饮食与中国文化》，人民出版社，1999年，第291页）。分餐制下，食器各有所属。礼规定，父母的饮食器，子女不可以使用（《礼记·内则》）。父母去世之后，子女也不忍心使用父母的杯子，因为上面还留有父母的"口泽之气"（《礼记·玉藻》）。那时的器物都是手工制作，每个器物各有其个性、特殊性，更能增加人与所用器物之间的情谊（唐君毅《中国文化之精神价值》，第191页）。

韩熙载夜宴图（局部）

燕器一般也会有修饰，到后世更强调餐具的质地、纹样与地位的相称。洪武二十四年六月，儒臣参考历代礼制，更定冠服、居室、器用制度，规定：官吏百姓等所用器物上面不许制造龙凤纹，不准僭（jiàn）用金酒爵；二品以上官员，酒注子、酒盏用金，其余用银；三品至五品，酒盏许用金，其余用银；六品以下，酒器许用银；庶民酒注用锡，酒盏用银，其余用瓷（《明太祖实录》卷二百九）。

礼规定，在国家财政困难的时候，"食器不刻镂"（《礼记·少仪》），不可以有太多的文饰。古礼，丧礼期间，祭奠亡亲时，用素器（未经雕刻、漆饰的器物。《礼记·檀弓下》）。满人居丧期间，不听音乐，不参加宴会，居室所用都是素器（震钧《天咫偶闻》卷十）。满人的做法与古礼的精神相合。

明器

事死如事生，亲人去世后要制作明器作为陪葬品。明器制作要本着"备物而不可用"（《礼记·檀弓下》）的原则，日常所用之物要具备（自然包括食器在内），但器物都不可有实际用处。竹器不必成用，瓦器不必磨光，木器不必雕琢（《礼记·檀弓上》）。既然不成用，更不必多作修饰。宋襄公葬夫人，用醯醢（xī hǎi，酸的肉酱）百瓮陪葬。曾子批评这种做法，认为既然是明器，就不可以用来盛食物（《礼记·檀弓上》）。

器以藏礼

卫灵公向孔子请教军阵行列之法。孔子回答说："俎豆之事，我曾经听说过；军旅之事，却没有学习过。"（《论语·卫灵公》）

俎（zǔ）盛肉，豆盛酱，都属于食器。俎豆之事，也就是指礼仪。

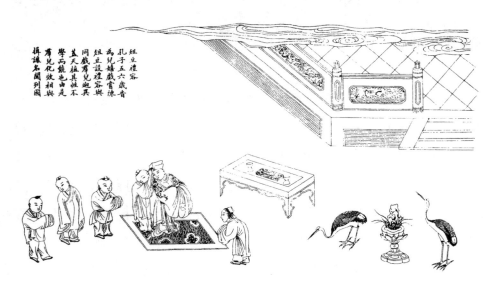

俎豆礼容图

礼器是礼仪的重要因素，圣王制礼作乐，将礼意蕴藏于器物之中（器以藏礼。《左传》成公二年）。

礼仪有时以多为贵，有时以少为贵，有时以大为贵，有时以小为贵，有时以文（文饰）为贵，有时以素（质朴）为贵。这些主要表现在器物的运用上。礼仪重在区分不同，应该多的不可以少，应该少的不可以多，各依名分行事，才能平允适当。

以多为贵。天子招待诸侯时，等级越高的诸侯所享受的待遇规格越高。子男可以有簠（fǔ，盛稻粱的食器）六，豆二十四，铏（xíng，盛羹的食器）十八，壶二十四，鼎、簋（guǐ，盛黍稷的食器）十二；侯伯有簠八，豆三十二，铏二十八，壶三十二，鼎、簋十二；上公则可以有簠十，豆四十，铏四十二，壶四十，鼎、簋十二（《周礼·秋官·掌客职》）。

鼎　　　　　　　　簠　　　　　　　　簋

以少为贵。天子到诸侯那里巡狩，诸侯不行礼宾之礼（天子无客礼），只需献给天子一头小牛犊；诸侯接待其他诸侯，需要礼宾，礼宾时要用郁鬯（chàng，一种香酒），但不需进献其他佳肴；诸侯接待他国使臣，礼宾时，不仅要献酒，还要设脯醢（fǔ hǎi，干肉、肉酱。《礼记·礼器》）。

一般情况下，器皿的容积以大为贵。宗庙祭祀后，举行燕饮，却是以小为贵，给地位高的人献酒用爵（容一升），给地位卑的人献酒用散（酒器，容五升。《礼记·礼器》）。

以文为贵，如祭祀所用食器多文饰；以素为贵，如丧礼祭奠用素器，又如祭天时用粗布巾覆盖酒樽（《礼记·礼器》）。

　　通常情况下，为了表达对对方的敬意，就用多、大、文饰到一定程度的器物招待对方，不如此就称不上对方的德行或地位，无法让对方满意（取悦对方）。然而，如果对方地位至尊，我们会觉得普天之下都没有什么东西能与他相称，那只好奉上素心一片，外物自然也要与此素心相应。先贤把那素心称之为"内心"或"中心"（郭店楚简《五行》，陈伟等著《楚地出土战国简策（十四种）》，经济科学出版社，2010年，第183页），而把那经过修饰的心称为"外心"（《礼记·礼器》。《五行》亦同）。器物的大小、多少、文质，其背后是礼。而礼的背后，则是心。心与礼器的关系，先贤用一句话加以概括，"内之为尊，外之为乐，少之为贵，多之为美"（《礼记·礼器》）。换言之，也就是"内心"（素心）可以表达对对方的最高的敬意，"外心"本质上是为取悦对方，器少能够彰显对方的至贵，器多则是为了观瞻上的美好。

食器之礼

　　食器的使用方面，有着复杂的礼仪规定。由于很多食器，如鼎、俎、簋、簠等，都已退出历史舞台，我们在这里只择要进行介绍。

　　古礼规定，男孩、女孩七岁之后，就不同席共坐，不共器而食（《礼记·内则》）。女子出嫁后，回家省亲，兄弟也不跟她同席而坐，不跟她同器而食（《礼记·曲礼上》）。这是注重男女之别。

　　若食器中已经盛满饮食，有盖子的食器应该盖好，没有盖子的食器应该用一块巾覆盖在上面。婚礼上，各种食器陈放时，都要用盖子或巾盖好。鼎盛鱼、肉，用鼏（mì，鼎盖）盖住；豆中盛酱，用巾覆盖；敦（duì）盛黍稷，本身就有盖；壶盛酒、水，用粗葛巾覆盖（《仪礼·士昏礼》）。国君招待使者，盛稻粱的簠本来是盖好的，进献食物时，才把盖子去掉，

换用一块巾覆盖着（《仪礼·公食大夫礼》）。用笾（biān，古代祭祀和宴会时盛果品等的竹器）进献果品，也必须要用巾覆盖。覆盖笾的巾，丧礼中用布巾（麻布巾。《仪礼·士丧礼》），祭祀中用绤巾（xì，粗葛巾，比麻布巾精细）。盖、巾的作用是承尘，保持食物的洁净。

食器的摆放，以方便进食为基本原则。筷子、汤匙、茶杯、酒杯等一般都放在右手侧。因为现代宴会上菜的顺序基本上是先菜后汤，所以汤碗（汤匙也可以放在汤碗里）可以放在左边或稍远些。

匕（汤匙）、箸（筷子）是后世中国人最主要的进食器，尤其是筷子，它几乎成为东方文明的标志物。

汉景帝召见条侯（封号）周亚夫，故意赏赐给他一大块肉，没有切开，也不给他箸。周亚夫心中不平，回头命尚席（掌管宴席的官员）取箸来（《史记·绛侯周勃世家》）。曹操、刘备煮酒论英雄，刘备惊失匕箸的故事，更是人们所熟知的。这个故事说明，那时匕、箸（尤其是箸）已经成为主要的进食器。

下面对使用匕、箸的礼仪，略作介绍。

众人会餐，当设公用的匕、箸。人们习惯把公用的箸称为公筷，把公用的匕称为母匙（或公匙）。

取食之前，不可以舔舐（tiǎn shì）匕、箸的端头（舔箸），也不可以用匕、箸的端头触碰桌面、使用过的餐盘。

取食时，不要犹豫不决，久久不下箸（迷箸）。取食时，不可以用筷子翻搅菜肴（搅箸），不可以触碰到别人的筷子（斗箸），不可以用筷子刺取菜肴（刺箸），不可以将菜汁洒到桌面上（泪箸）。进食过程中，不要用匕、箸指人（指箸）。

进食时，不可以匕、箸并用，"举匙，必置箸；举箸，必置匙"（朱熹《童蒙须知》）。

进食的间歇，应该把筷子放在箸托上，不要把筷子架在饭碗上（架箸），或插在饭碗中（插箸）。丧礼，给亡者饭含（丧仪之一。把珠、玉、谷物或钱放入死者口中），柶（sì。舀取食物的礼器，像勺子，多用角做成）竖插在食器之中（《仪礼·士丧礼》）。所以，把筷子竖插在饭碗中，属于凶象。

进食结束，仍将筷子放在桌面上或箸托上即可。世俗有餐毕"横箸"在碗碟上的做法，此礼并不通行，且被斥为恶模样。

明人唐肃侍奉朱元璋进食，食毕，把筷子横放着。朱元璋问："这是什么

筷子的放置礼仪

礼？"唐肃答道："这是臣小时候学的俗礼。"朱元璋说："可以对天子行俗礼吗？"唐肃因不敬之罪，被贬戍守边疆（梁章钜《浪迹续谈》卷八）。横箸是不敢先饱的一种表示，但此举并未成为正式的礼仪条文。合礼的做法是，晚辈在尊长跟前应该控制进食的速度，不先饱，这样就不必横箸了。

君子不器

我们每天用食器饮食，也仅仅是用以饮食，很少有人从中悟出些立身行世的道理用以滋养我们的精神。食器各有各的用途，或用来烹煮，或用来盛酒水，或用来盛饭食。各自不同的用途是它们存在的价值，却又构成各自的局限。这与人立身行世，何其相似。

孔夫子有感于此，倡导"君子不器"（《论语·为政》）。那君子应该怎样呢？先贤说："大道不器。"（《礼记·学记》）君子不器，就应该有志于大道。

孔子曾经评点门下弟子，对宓（mì）子贱好一番夸奖。心气高傲的

子贡坐不住了，就问老师："我怎么样？"孔子回答说："你啊，好比一个器皿。""什么器皿呢？"子贡追问。孔子说："瑚、琏呗。"瑚、琏是盛黍稷的食器。孔子如此评点，褒奖之中，却略带些许贬意。孔门四科里，子贡在言语科，终究不如德行科的颜渊等人。颜渊有志于大道，箪食瓢饮，居于陋巷，自得其乐。

孔子说："读书人立志追求真理，但又以穿破衣、吃粗糙的饭食为耻，这种人就不值得和他谈论真理了。"(《论语·里仁》)

宓子贱很不错，夸奖一下！

老师，那我怎么样？

你呀，像"瑚琏"！

瑚琏
古代祭祀时盛黍稷的尊贵器皿，夏朝叫"瑚"殷朝叫"琏"，周朝叫"簋"。

子贡
"瑚琏"是祭器，贵重华美可列于庙堂者也，喻指国之重臣，治国贤才。

瑚琏之喻

南宋胡纮（hóng）年轻时曾有意拜朱熹为师。到了山中，朱熹只用"脱粟饭"招待他。胡纮有些不高兴，说："这样做不合人情。杀一只鸡，备一壶酒，山中还是可以做到的。"后来胡纮受不了这种清苦，便离开了(《宋史·胡纮传》)。胡纮的行为正应了孔子的那句话。

唐君毅先生谓，西方人饮食时，多用刀叉及铁器之壶等，中国则只用木筷、牙筷与瓷器。饮食用刀叉，使饮食带兵气与杀机，不如用箸与瓷器雍容和平（唐君毅《中国文化之精神价值》，第191页）。虽然西方并不是一开始就用刀叉，中国也不是一开始就用木筷，然而，谁又能说唐氏此语没有道理呢？若平素饮食，都充满杀机、兵气，以屠割大嚼为快，那仁心如何涵养呢？

思考讨论

反思自己进食时使用筷子的方式，哪些地方不合礼？应该怎样改正？

链接

自悼

唐·薛令之

朝日上团团，照见先生盘。盘中何所有，苜蓿长阑干。
饭涩匙难绾（wǎn），羹稀箸易宽。只可谋朝夕，何由保岁寒？

（《全唐诗》卷二百十五）

丽人行

唐·杜甫

三月三日天气新，长安水边多丽人。态浓意远淑且真，肌理细腻骨肉匀。绣罗衣裳照暮春，蹙（cù）金孔雀银麒麟。头上何所有？翠微匌（è）叶垂鬓唇。背后何所见？珠压腰衱（jié）稳称身。就中云幕椒房亲，赐名大国虢（guó）与秦。紫驼之峰出翠釜，水精之盘行素鳞。犀箸厌饫（yù）久未下，鸾刀缕切空纷纶。黄门飞鞚（kòng）不动尘，御厨络绎送八珍。箫鼓哀吟感鬼神，宾从杂沓（tà）实要津。后来鞍马何逡巡，当轩下马入锦茵。杨花雪落覆白苹，青鸟飞去衔红巾。炙手可热势绝伦，慎莫近前丞相嗔。

（《杜工部集》卷之一）

第四课　等制

虢公、晋侯赏赐相同

《左传》中记载，庄公十八年虢（guó）公、晋侯一同朝见周天子，周天子设宴招待他们，并赏赐礼物用以劝酒。周天子赏赐给虢公、晋侯的礼物一样，都是五对玉、三匹马。时人认为这样做不合礼。天子分封诸侯，诸侯之间"名位不同，礼亦异数"。侯与公的赏赐一样，违背了这个原则。

"名位不同，礼亦异数"，也就是礼要有等差。等差在燕饮礼仪中的表现尤为明显。等差既是礼制的规定，又具有防止奢侈的作用。所以，我们在这里把它称为等制。燕饮礼仪中的等制对当今社会具有重要的启示意义。

等　差

按照古礼，君臣燕饮时为避免君臣叙宾主之礼，立宰夫为主人（献主），立一位大夫为宾（参《中华日常礼仪基础教程》第三册）。行礼时，主人依次给宾、国君、卿、大夫、士献酒，宾的待遇与国君基本相当，卿以下其待遇逐渐降低，这是以爵位高低为等差，以"明贵贱"（《礼记·燕义》）。

举行乡饮酒礼时，正宾与主人的待遇一样，介的待遇低于正宾，众宾又低于介（《仪礼·乡饮酒礼》），这是以德行优劣为等差。孟尝君客分三等，上客食肉，中客食鱼，下客食菜，这是根据才能高下定等差。

古代，官员办公时的工作餐称为公膳，公膳有固定的标准。春秋时代，齐国卿大夫公膳的标准是每天吃两只鸡。庆封（齐国大夫）独揽大权，齐惠公的孙子子雅、子尾对庆氏非常不满。厨师为他们做饭时，偷偷把两只鸡换成鸭，希望以此激怒他们。而进献食物的人做得更绝，把肉都捞出来，只奉上肉汤。两人大怒，遂下定决心推翻庆氏。

唐高宗时，政事堂给宰臣准备的工作餐非常珍美。宰臣们商讨要不要降低一下标准。张文瓘（guàn）说："这是天子对贤才的优待。如果我们才能低劣，称不上这么高的职位，应当辞官，给贤者让路。但是不可以减削公膳，以此沽名钓誉。"众人听他这么一说，也就作罢了（《大唐新语》卷七）。子雅、子尾因公膳不达标而愤怒，张文瓘拒绝减损公膳，背后都是由礼支撑着。

古代官吏出差，要到驿站用餐，驿站名传（zhuàn），所以称之为传食。传食也有固定标准。秦律中有"传食律"，对不同爵位的人出差在外的伙食标准进行了详细的规定，细致到规定可以吃多少酱、多少盐（睡虎地秦墓竹简整理小组编《睡虎地秦墓竹简》，《释文、注释》，文物出版社，1990年，第60页）。当今社会这些方面（公膳、传食）还有可以向古代学习的地方。

正　加

　　鲁僖公二十四年，宋成公访问郑国。郑文公设宴之前，向皇武子请教礼数。皇武子说："宋国是先朝（商朝）的后代，对周朝来说是客人，周天子都要给他以礼遇。我们可以用丰盛的酒席招待他。"郑文公采纳皇武子的建议，招待宋成公比常礼有所增加（《左传》僖公二十四年）。

　　宴会上，享受跟自己名位相应的待遇，称为正礼（若专指肴品，则称正馔）。主人为表示深情厚谊，在正礼之外，又会提高一下待遇，则称为加礼（若专指肴品，则称加馔）。加礼在一定的范围内，是礼所允许的；超过一定的范围，则不合礼。

　　大夫出使，主国国君以食礼招待他，会有正馔、加馔。正馔、加馔，礼都做出了详细的规定（《仪礼·公食大夫礼》）。

　　重耳流亡楚国，楚国为向他示好，用上公之礼招待他，佳肴达百品之多（庭食旅百）。重耳本想推辞。舅犯说："这是天命啊，你还是接受吧。你只是落魄的流亡者，楚国却以国君之礼相待。你跟楚君不敌等，楚国却以敌等的礼仪相待。这若不是天命，谁又能让他这么做呢？"（《国语·晋语》）

　　鲁昭公六年，鲁国季孙宿出使晋国。晋侯设宴招待，笾豆之数，多于常礼（有加笾）。季孙宿退出，派行人（外交人员）告诉晋人："小国事奉大国，但愿能免于被讨伐，不敢奢求赏赐。得到赏赐也不会超过三献。现在菜肴多于常礼，下臣不敢当。恐怕这是罪过。"韩宣子说："寡君（对本国国君的谦称）只是用它表达心意而已。"季孙宿回答说："寡君尚且不敢当，何况下臣呢？"季孙宿坚决请求撤去多于常礼的笾豆，然后才参加宴会。晋人赞赏他懂礼，送给他很多礼物（《左传》昭公六年）。

　　正礼是下限，加礼是上限，正礼之外有加礼，就给行礼提供了一个可以调节的空间，不至于太机械。元大德八年颁布诏书，推行嫁娶新例，对聘财的多寡、宴会的丰俭都作出了具体的规定：宴会的等第以男方为主，品官不过四味，庶人上户、中户不过三味，下户不过二味（《纂图增类事林广记》乙集卷下）。这通诏书是出于移风易俗的考虑，动机很好，但规定太过机械、死板，不得不让人怀疑它是否能得到切实的推行。

僭　偪

自古以来，都有不喜循规蹈矩的人。他们不按正礼行事，要么名位低下而冒用超越正礼的待遇，要么名位高贵却降格采用低于正礼的待遇。前者称为僭（僭越）上，后者称为偪（bī）下。僭上、逼下，都不合礼。

管仲辅佐齐桓公，九合诸侯，一匡天下，对维护周天子的权威以及保护华夏文明都起到了重要作用。鲁僖公十二年，齐桓公派管仲说服戎人与周讲和。周襄王用上卿之礼宴请管仲。管仲认为此举逾越礼制，予以推辞，最终以下卿之礼的规格接受了宴请。此举大为时人所赞扬（《左传》僖公十二年）。

不知何故，管仲在本国却做出些出格的事情，他把食器簋（guǐ）加以刻饰，他的堂上设有放置酒杯的台子（《礼记·杂记下》）。这些都是诸侯才能享受的待遇，而管仲居然冒用。孔子因此批评他器量狭小。

晏婴是齐国贤大夫，生活极为节俭。晏婴祭祀先人，只杀一头小猪，献给先人的豚肩（前胫骨）还没有一尺（约23厘米）长（《礼记·杂记下》）。鲁国公父（复姓）文伯宴请南宫敬叔，尊露睹父为上宾。仆人将鳖进献上来，鳖特别小。露睹父见此，气得不行，便告辞说："等鳖长大了，我再来吃吧。"说罢，拂袖而去。文伯的母亲（敬姜）听闻此事后，生气地说："我听已故的公公说：'祭祀要供养尸，飨宴要供养上宾。'弄一只像样的鳖，有什么困难？为何惹得上宾生气呢？"于是，她把文伯赶出家门。

五天后，鲁国大夫前来说情，敬姜才同意文伯回家（《国语·鲁语》）。

管仲把礼、义、廉、耻视为国之四维，维系国家稳固的四根大绳。僭上、偪下，就如绳子的统纪散乱开来，再也起不到维系的作用。僭上、偪下破坏了礼仪的正常差等，久而久之，整个礼仪系统就会崩坏。所以，孔子强调：君子行礼，不可以僭上，也不可以偪下（《礼记·杂记下》）。

奢 俭

尽管经礼三百，曲礼三千，但现实生活极为复杂，有很多地方没有办法一一作出严格的礼仪规定。这样就需要考虑到奢俭问题。

《礼记·王制》规定，"诸侯无故不杀牛，大夫无故不杀羊，士无故不杀犬豕。""无故"只是一种模糊的界定。士人举行成人礼，是否宰杀牲畜，《仪礼·士冠礼》中说："若杀，则特豚（一头小猪）"。"若"，表示此举在两可之间，可杀，可不杀。具体怎样选择，那要视家境丰裕与否而定。一个"若"字，就赋予礼仪以弹性，允许富者消费，也使贫者不必担心失礼。弹性终要有限度，才能有效。所以礼对杀又加以限定（"则"），只能杀一头（"特"）牲畜，而且必须是小猪（"豚"）。这又蕴含着"与其奢也，宁俭"（《论语·八佾》）之意。两相结合，"若"是拓开一步，"则"又稍稍敛回，这就保证富不至于奢侈，贫不至于简陋。

西晋何曾，生活奢华，帷帐、车服极为绮丽，厨膳滋味比诸侯王还要讲究。何曾接受皇帝燕见，不吃太官（官名。掌皇帝膳食及燕享之事）所设的食物，皇帝就下令到他家中取食物来。蒸饼中间如果不十字划开，他就不吃。每天吃饭的花销多达一万钱，他还对着食物说，"无下箸处"（《晋书·何曾传》）。

石崇的奢侈更是有过之无不及，庖膳穷尽各种水陆珍肴。石崇与王恺、羊琇等人斗富。王恺用糖膏洗锅，石崇用蜡（蜡烛在当时是奢侈品）当柴火。他们为了相互攀比，想方设法胜过对方。石崇为客人做豆粥，吩咐下去，一会儿功夫就做熟了（豆本来难煮）。每到冬天，石崇家还用韭菜末调味。王恺常以此为遗憾，于是秘密贿赂石崇手下的人，询问其缘故。得到的答案是：大豆极为难煮，但可以预先煮熟，碾成细末。客人来到，只需要煮白粥，然后将豆末投入白粥中就可以了。冬天的韭菜末，是将捣碎的韭菜根和麦苗掺在一起做成。石崇奢华露富，因此招来杀身之祸。在临刑前，石崇叹道："这帮奴才是想瓜分我的家产。"押送他的人说："知道财产能招来祸害，为什么不早点散掉？"问得石崇哑口无言（《晋书·石崇传》）。

晋灵公无道，赵盾屡次进谏，惹得晋灵公欲除之而后快。于是，晋灵公便派一位勇士刺杀赵盾。勇士进入赵府，居然没有人防守，如入无人之境。勇士爬到屋檐上，窥视赵盾，发现赵盾正在吃鱼飧（鱼做的食物。一说即鱼羹）。勇士感叹道："先生确实是一位仁人啊！府中无人防守，表明你为人坦荡平易。身为晋国重臣却只吃鱼飧，表明你崇尚节俭。国君派我杀你，我不忍心，但又无法再面见国

赵盾因俭免祸

君。"于是，勇士自刎而死（《公羊传》宣公六年）。

北宋张知白做宰相时，自奉甚俭，跟做河阳掌书记（官名）时一样。有亲人规劝他说："您现在的俸禄并不少，却如此节俭。虽然您自认为这是清约，但外人讥讽您，认为您跟公孙弘一样矫情。您应该稍微从众一点。"张知白叹息道："凭我现在的俸禄，即使全家锦衣玉食，也不是做不到。只是由俭入奢易，由奢入俭难。我现在的俸禄哪能长期保有？我又哪能长生不老？万一有一天形势发生变化，我被罢官或病故，家人久已习惯奢侈的生活，不能马上适应节俭的生活，势必至于流离失所。不如保持节俭，不论我做不做宰相，不论我活着还是死亡，家中生活可以始终如一。"（《小学》卷十一）

奢以取祸，俭以养德，在今天，保持俭约的生活方式，同样值得称道。

等制的意义

很长时间以来，人们抱有一种偏见，认为礼中的等差表示一种特权。其实不然，等差蕴含的是"制节谨度"（《孝经》）的思想，这种思想对当今社会尤其具有启示意义。荀子曾经这样分析礼的产生：

> 礼起于何也？曰：人生而有欲，欲而不得，则不能无求。求而无度量分界，则不能不争；争则乱，乱则穷。先王恶其乱也，故制礼义以分之，以养人之欲，给人之求。使欲必不穷于物，物必不屈于欲。两者相持而长，是礼之所起也。（《荀子·礼论》）

饮食男女，人之大欲存焉（《礼记·礼运》）。先贤对此并不遮遮掩掩，而是给予充分的关注，加以理性的疏导。先王为防止人群出现争斗而陷入混乱、窘迫的境地，"制礼义以分之"。"制礼义"的目的，在于养护人们的欲望，满足人们的需求。养欲，不是刺激欲望，更不是纵欲，它是让欲望得到适度的满足。"给人之求"（满足人的欲求），这"人"并不限于当下时代的人群，而包括子孙后代在内。为什么呢？荀子接着向我们揭示了"礼义"的运作机制：使人们的欲望（欲）不会因为资源（物）的困乏而得不到满足，而资源也不会因为满足人们的欲望而消耗殆尽。"礼义"，在人类的欲望与自然资源之间起一种调节作用，保障人类社会的可持续发展（相持而长）。

西方自由经济学说，也指出人类的欲望是无穷的、自然资源是有限的，但它把这对矛盾交给"市场"这只看不见的手去调节。其结果呢，恰是荀子所不愿意看到的，一方面物屈于欲（资源日益枯竭、环境日益恶化），另一方面欲失去养护（不断刺激，乃至放纵欲望）。市场是自发形成的，中国古代当然也有市场，不过在市场之外，先王又构建了一套礼制，用它限制"看不见的手"所伸出的范围，以免它作恶。

传说上古有一种怪兽，名为饕餮（tāo tiè），它有首无身，贪婪无度，饮食无厌。吃人的时候，它遭到了报应，"食人未咽，害及其身"。周人鉴于饕餮因贪食而丧生，便把它铸造在食器（鼎）上面，引以为戒（《吕氏春秋·先识览》）。周鼎铸饕餮，先王的用心多么婉妙、深邃！

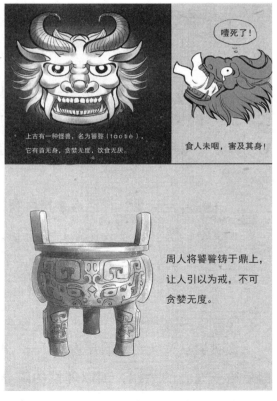

铸饕餮于鼎以戒贪

思考讨论

为什么在燕饮礼仪中要制定"等差"呢？

链接

箜篌引

魏·曹　植

置酒高殿上，亲交从我游。中厨办丰膳，烹羊宰肥牛。秦筝何慷慨，齐瑟和且柔。阳阿奏奇舞，京洛出名讴。乐饮过三爵，缓带倾庶羞。主称千金寿，宾奉万年酬。久要不可忘，薄终义所尤。谦谦君子德，磬折欲何求。盛时不可再，百年忽我遒（qiú）。惊风飘白日，光景驰西流。生存华屋处，零落归山丘。先民谁不死，知命复何忧。

（曾国藩《十八家诗抄》卷一）

北客置酒

宋·王安石

紫衣操鼎置客前，巾鞴（bèi）稻饭随粱饘（zhān）。引刀取肉割啖客，银盘擘臄羹（kǎo）与鲜。殷勤劝侑邀一饱，卷牲归馆觞更传。山蔬野果杂饴蜜，獾（huān）脯豕腊（xī）如炰（páo）煎。酒酣众史稍欲起，小胡捽（zuó）耳争留连。为胡止饮且少安，一杯相属（zhǔ）非偶然。

（《王文公文集》卷第四十六）

第五课　荐食

　　南朝宋尚书仆射颜师伯，置宴设乐招待同僚，邀请王琨参加。宴会上，传酒上菜都由宫中歌舞妓人来做。王琨以为男女授受不亲，妓人前来进献食物，便命她们放在坐具上，转过脸去回避，然后他再取走。在座客人见他如此，无不拍手讥笑。王琨神色自若，不以为意。后来，颜师伯又邀请他，他都不再参加（《南史·王琨传》）。

　　王琨的行为，在当时人看来有些迂腐，但是按照古礼，却没有什么问题。今天，当然没有必要拘泥于此，然而进献食物（荐食）礼仪不能不讲。

盥　洗

　　洁净是宾主交接所应遵循的基本原则之一。行礼当天，主人家必须设置盥洗器具。荐食之前，荐食者要先洗手。古礼，士人举行婚礼，宰杀一头小猪，煮熟后，盛到鼎中，加上盖子，陈放在寝门外面。等到新郎把新娘迎接到家中，执事人员要把鼎抬到阼阶（东阶）下。抬鼎之前，执事人员要先洗手。次日，新娘拜见舅姑，要奉养舅姑，在荐食之前，新娘也要洗手。

　　主人给宾客斟酒、倒茶之前，要将杯子清洗一番，而在洗杯子之前，也要先洗手。礼规定，"凡洗必盥"（《礼记·少仪》）。洗手是要表示洁净。不论是士，还是国君，都要遵循此礼。乡饮酒礼，主人为宾酌酒，要下堂洗酒杯，而在洗酒杯之前则要洗手。盥洗之后，宾主升堂，宾拜

谢主人为自己洗酒杯，主人答拜。这样主人的手就又沾上了尘土，他还得再次下堂去洗手，然后升堂为宾酌酒（《仪礼·乡饮酒礼》）。国君招待外国大夫（使者），执事人员要将鱼、肉从鼎中捞出放

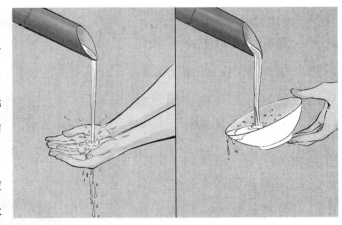

洗手洗食器

在俎上（此举，礼称为"载"），然后献给大夫。参与此事的项执事人员要依次洗手，然而才去取肉。国君为表示对使者的尊敬，要从执事人员手中接过第一道菜或饭，亲自为使者设馔，此前也要洗手（《仪礼·公食大夫礼》）。

事亡如事存，进献祭品给先人，也要先洗手。婚礼三个月之后，新娘要拜谒祖先。行礼时，新娘先洗手，然后才执持祭品进入（《仪礼·士昏礼》）。

餐前洗手，人们基本都能做到。荐食之前洗手，现在却很少有人会考虑到。这是可以改进的地方。

执　持

荐食还要遵循执持物品时的手容。一般要双手捧持食器，高度与心齐平。如果食器有盖子，需要打开，应该右手执器，左手执盖（《仪礼·公食大夫礼》）。行走时，要谨慎，步幅应该放小，步速应该放慢，以免出现意外。

荐食时，若杯盘上配有有柄有舌（如汤匙）或有首有尾（如筷子）的食器，要充分考虑到方便对方，以此决定柄、舌（或首尾）的朝向。如果是

直接递给宾客，可以直接将柄朝外。这样宾客接过来，就可以很方便地取用。如果不是直接递给宾客，而是需要第三者转手，那就要把舌朝外。这样第三者接过来，自然成了柄朝外，他只需要稍微正一正，就可以直接递给宾客。成人礼醴冠者时，赞礼者酌醴之后，在杯子上加一个柶（类似汤匙），翻过来放，并把柶舌朝前。这样递给正宾时，自然就成了柶柄朝前，正宾稍微正一下，递给冠者（《仪礼·士冠礼》）。赞礼者放置柶的方式，最终是为了冠者的方便。

荐食的手容

若所进献的食物本身有首尾，荐食时一般要将头部朝前。若是进献兽类等的头部，则要将它的口部朝前（羞首者，进喙。《礼记·少仪》）。若食物本身有一定的纹理，那要将纹理的根部朝前（进奏。"奏"通"腠"。《仪礼·公食大夫礼》）。

另外，执虚如执盈（《礼记·少仪》），撤去空虚的食器时，要像执持盛满食物的食器一样谨慎小心。

勿　气

为宾客洗食器、执持饮食，都要稍微屏住呼吸。如果别人问话，不

得不回答，那就要把头转到一旁再说话（《礼记·少仪》）。这样做是出于两方面的考虑：其一，保持洁净，不让气息触碰到他人的食器、饮食；其二，表示不敢嗅饮食的气味，以避免有垂涎他人饮食的嫌疑。后世，祭祀先人，焚香降神，不可以吹灭香火，也不可以故意嗅香火气味，其用心与古礼是一致的。

好香！

哪能让你终日执持烤肉，却不知烤肉之味呢？这块肉就送给你吃了。

顾荣赐肉

荐食时，不可以流露出垂涎之意。西晋时期，顾荣与同僚宴饮，其他人都没有留意那些为他们服务的仆人。顾荣发现进献烤肉的人看着烤肉有几分眼馋（有欲炙之色）。顾荣便割下一块烤肉送给他。同僚问顾荣为何如此。顾荣说："哪能让他终日执持烤肉，却不知烤肉之味呢？"后来在生死攸关的时刻，顾荣被那进献烤肉的人救了一命（《晋书·顾荣传》）。

南朝阴铿（kēng）也有一番类似的经历。阴铿与宾友宴饮，行酒的人来到跟前，阴铿便赏些酒、烤肉给他。在座的朋友都讥笑阴铿。阴铿说："我们终日酣饮，为我们行酒的人却不知其味，这不合乎人情啊。"侯景之乱时，阴铿被贼兵擒获，有人出手相救，他才幸免于难。阴铿一问，才知道救他的正是那位行酒的人（《陈书·文学传》）。顾荣、阴铿为人宽厚，终得善报。进献烤肉之人露出欲炙之色，略显失礼。

次 序

　　肴品众多，进献时，需要有一定的次序。进献顺序与礼仪有莫大的关系。古礼，招待宾客有飨、食（sì）、燕三种模式。飨礼重于食礼，食礼重于燕礼（胡培翚《仪礼正义》卷十一）。诸侯的飨礼已经失传，只有食礼、燕礼保存在《礼经》中。燕礼以饮酒为主，宾主相互敬酒，强调欢情（燕主于欢），相当于后世的酒会。食礼以饭食为主，没有献酒的仪节，甚至没有为国君设置饮食，强调的是国君对贤者的奉养（食以明养贤之礼。胡培翚《仪礼正义》卷十一）。下面我们分析一下燕礼、食礼的荐食次序。

　　燕礼虽以饮酒为主，但饮酒有严格的礼仪程序，所以燕礼所用酒称为礼酒。燕礼前半是饮酒（礼宾），后半是安燕（燕宾）。前半饮酒严格依礼行事，非常节制。饮酒时，先献酒，然后进脯（干肉，放在笾中）、醢（肉酱，盛在豆中），设折俎（带骨的肉）。脯醢、折俎似乎是当时饮酒所用固定的菜肴。之所以先进脯醢，因为醢是用来调味的，先进献醢，放在离进食者最近的地方，其他食物若要蘸酱，享用时就会比较方便。后半安燕的环节，撤去先前的俎豆，进献庶羞（多种佳肴），才觥筹交错，宾主尽欢。因为燕礼重点在饮酒，所以对安燕进献佳肴的顺序，没有详细记载。

　　食礼先设正馔，再设加馔。正馔先进酱类（盛在豆中），次进鱼、肉（放在俎上），次进黍稷（盛在簋中），次进羹汤（盛在镫、铏中），最后献酒。加馔先进稻粱，然后进庶羞。庶羞先进熟肉，然后进肉片、生鱼片以及配合食用的酱类（《仪礼·公食大夫礼》）。庶羞最后进献的应该是果品，据载，包括菱角、枳椇（zhǐ jǔ）、枣、栗、榛、柿、香瓜、桃、李、梅、杏、山楂、梨等（《礼记·内则》）。这样的荐食次序当然是与进食的次序相合的。

　　后世宴饮实行会餐制，荐食的顺序略有调整，但还是沿袭了古礼的

次序。现代宴会，基本上遵循前菜、主菜、汤、点心、水果的次序来进献。前菜主要是一些小菜，用以开胃佐酒。主菜相当于古代用俎盛放的食物（鱼、肉之类）。这样的顺序大致与古礼相当。调味的酱类事先摆放在各人席前或共用。主食一般在放在宴会的尾声。这与古礼不同。古人重五谷，孔子用餐，"肉虽多，不使胜食气"（《论语·乡党》）。饮食本是为了滋养身体，现代人病从口入，反而伤害了身体，引发许多疾病。孔子的饮食习惯，正是从古礼中来，值得现代人借鉴。

设　馔

荐食的顺序，直接关系到食物摆放（设馔）的次序。若各种佳肴堆盘累碟，纷然杂陈，宾客想必会食欲不振吧。古礼对设馔极为讲究，"置酱错食，陈膳毋悖"，所秉持的原则是"其设要方"（《管子·弟子职》）。最终，各种食器摆放妥当之后，成为方形。古人形容生活奢侈，说"食前方丈"，"方"是合礼的，"丈"是奢侈的表现。

一般情况下，设馔都由执事人员完成。主人若为了表示热情，可以从执事人员手中接过第一道菜，亲自为宾客设好，其他则可以由执事人员完成。宾客为表示不敢当，应该将它稍微向东移一下。国君以食礼招待使者，设正馔时，国君亲自为使者设醯（xī）酱（用醋调和过的酱）、太羹（没有调味的肉汤）；设加馔时，国君亲自为使者设粱。使者则要将醯酱（盛在豆中）、太羹（盛在镫中）、粱（盛在簠中）向东挪一下（东迁所。《仪礼·公食大夫礼》）。

设馔时，第一道菜（古礼是酱）的位置至关重要，是其他菜肴位置的参照，被称为馔本。古人席地而坐，食物摆放席前地面上。为避免进餐时弄脏坐席，礼规定，盛酱的豆要距离坐席一尺远（豆去席尺。一尺约23cm。《礼记·玉藻》）。后世改用桌椅，这条规定仍然是适用的。

一般情况下，饭食在人左手边，羹汤在人右手边（食居人之左，羹居人之右），这是最靠近人的食物。其外是肉类，带骨的肉在左边，切好的肉片在右边。最外是生肉片与烤肉，与它们相配的醢酱放在羹、饭前面（胾炙处外，醢酱处内）。蒸葱（今人用葱花）放在醢酱的左边，酒、浆放在羹汤的右边。若有干肉，中间弯曲，放置时则将弯曲的部位朝左，两端朝右（《礼记·曲礼上》）。这是分餐制下设馔的礼仪。若是会餐，共享的菜肴（主要是各种肉类）当然可以事先按照惯例摆放好。每位宾客独有食物的摆放，古礼还是值得借鉴的。饭食居左，羹汤居右，酒、浆（茶水饮料）在羹汤的右边。酒、浆之间，则要"左酒右浆"（《管子·弟子职》）。醢酱、葱花等在饭食、羹汤稍外，醢酱在右侧。这些之所以还能适用于现代会餐式的宴饮，是因为它们是出于进食方便的考虑，并不是毫无意义的虚文。

壶

　　按照古礼，"尊壶者面其鼻"（《礼记·少仪》），放置酒壶、茶壶等时，要将鼻朝向尊者。今天，不可将壶嘴朝向人，要将把手朝向人。

　　荐食时，食物的温度要掌握好，一般的原则是：饭宜温，羹宜热，酱宜凉，饮宜寒（《礼记·内则》）。

羞　鱼

　　中国人自古喜欢吃鱼，而且花样繁多。诗云："岂其食鱼，必河之鲤？"（《诗经·陈风·衡门》）那时人们吃鱼已经讲究产地了。讲究产地是美食家为追求味觉的极致，礼仪上的讲究则更能见出人情风味。现代人会餐时，一盘鱼端上来，一定要将鱼头朝向贵客，不如此不足以表达对贵客的敬意。贵客也有可能因为鱼头不朝向自己而大动肝火。首尾固然是

礼仪要考虑的因素，然而一味强调鱼头朝前，有些机械。礼不仅要考虑人情，还要考虑物性，物性与人情相结合，才是完美的礼仪。

古人根据烹饪方式的不同，将鱼分为干鱼、濡鱼（湿鱼）两类。礼规定，进献干鱼（比如腌制的鱼）时，鱼头朝前（对着客人）。因为鱼骨一般都朝后倾斜，干鱼内在的纹理已被破坏，若是将尾巴朝前，取鱼肉的时候就会黏黏缠缠，不能很利索地取下。若把鱼头朝前，逆着它的纹理取食，则容易得多。礼规定，进献濡鱼（比如清蒸鲈鱼），要把鱼尾朝前。因为濡鱼内在的纹理未被破坏，从上而下顺着它的纹理取食，才更容易（《礼记·少仪》）。

濡鱼进尾，干鱼进首，考虑的是烹饪方式对鱼肉的影响。而天地间阴阳之气的运行对鱼肉也有很大影响。冬天，阳气下沉，向内敛藏。夏天，阳气上升，向外发扬。古人发现，冬天鱼腹下的肉（腴）最为肥美，夏天则背上的肉（鳍）最为肥美。所以进献濡鱼时，冬天把鱼腹朝右（右腴），夏天把鱼背朝右（右鳍。《礼记·少仪》），以方便对方享用最肥美的鱼肉。

古人习惯把鱼肉做成脍（生鱼片），进献鱼脍时，一定要同时进献芥酱（《仪礼·公食大夫礼》）。孔子对饮食极为讲究，"不得其酱，不食"（《论语·乡党》）。先儒指出，这里主要是指鱼脍没有芥酱不吃。现在人们吃生鱼片还是要配上芥末，这正是从古代流传下来的习惯。若是食用生肉片（脍），也需要有相配的酱，礼规定"脍，春用葱，秋用芥"（《礼记·内则》）。

《千字文》："菜重芥姜。"有人解释说，芥、姜是菜之美者（汪啸尹纂辑、孙谦益参注《千字文释义》）。芥、姜味道辛辣，很难说它们的味道是美的，除非有特殊嗜好。其实，菜重芥姜是从孔子的饮食习惯而来。芥是指芥酱，吃鱼脍时必不可少。姜，则是因为孔子"不撤姜食"（《论语·乡党》），姜虽然辛辣，却没有刺激性的味道，不属于薰物，所以孔子斋戒时也依然吃姜。

思考讨论

家中来了客人，你应该怎样为客人进献食物？

链接

夏宴张兵曹东堂

唐·李颀

重林华屋堪避暑，况乃烹鲜会佳客。主人三十朝大夫，满座森然见矛戟。

北窗卧簟（diàn）连心花，竹里蝉鸣西日斜。羽扇摇风却珠汗，玉盆贮水割甘瓜。

云峰峨峨自冰雪，坐对芳樽不知热。醉来但挂葛巾眠，莫道明朝有离别。

（《全唐诗》卷一百三十三）

斫脍怀永叔

宋·梅尧臣

高河古穴深，下有苍鳞鲫。出水狞将飞，落刀细可织。

香粳炊正滑，白酒美少力。但欠平生欢，共此中路食。

（朱东润《梅尧臣集编年校注》卷十八）

第六课　醴酒

醴酒不设

醴酒偶忘设，于礼殊至微。穆生引身去，自昔能见几。

——宋·李新《杂兴（其二）》

汉高祖刘邦的弟弟刘交是一位温恭君子，喜欢读书，多才多艺。年轻时，刘交曾与穆生、白生、申公一起跟随荀子的门人浮丘伯学习《诗经》。刘邦起事，刘交追随兄长反抗暴秦。汉六年，刘邦封刘交为楚王。刘交到了楚国，重用穆生、白生、申公等老同学。

刘交礼敬穆生等人，穆生不喜欢饮酒，每次举行宴会，刘交便专门为穆生设醴。刘交去世后，其子刘郢（yǐng）客继位，遵循父亲的做法。其孙刘戊（wù）继位后，一开始还专

楚王为穆生设醴

门为穆生设醴，后来竟然忘记了。穆生说："可以走了。不设醴，说明楚王对我的敬意怠慢了。不走的话，恐怕会有牢狱之灾。"于是，穆生称病不再上朝，并最终辞职离去。后来，刘戊日益荒淫暴虐。申公、白生劝谏，反遭受刑罚（《汉书·楚元王传》）。

醴与酒有什么区别？它们在礼仪之中的地位是怎样的？又各有什么意义？要弄清楚这些问题，我们必须回溯到商周之际。

周人戒酒

文王遗教

说来有趣，商人的兴起与灭亡，都与饮食有关。当年，伊尹背着鼎、俎，以烹饪为由头游说商汤，为他阐发治国之道（《史记·殷本纪》），由此，商人逐渐兴盛起来，并最终取代夏。到了商纣王，耽于享乐，"以酒为池，县（通'悬'）肉为林"，整夜整夜地饮酒（《史记·殷本纪》），把先王的治国之道忘得一干二净。这时，处于偏远西方的周文王采取了一项重要措施，以纣王酗酒丧德为鉴，颁布戒酒令。文王认为酗酒能使人失去德性，导致亡国，规定平时不许饮酒，只有祭祀时才能饮酒，而且不可喝醉。这与商纣王"酒池肉林"形成鲜明对比。更关键的是，文王告诫子孙要遵循"祖考之彝训"，把戒酒提升到祖宗之法的高度上去了。而文王的子孙也确实奉行无失，最终获得天下。后来周公坦然承认，周人之所以能战胜强大的商国，正是由于他们能遵循文王的遗教（《尚书·酒诰》）。

虽说三分天下有其二，但文王的教化毕竟只限于西方一隅。及至周人得了天下，马上就面临一个问题：如何巩固政权？纣王酗酒，究其原因，恐怕与殷人祭祀活动频繁有关，因为祭祀之后一般都会有燕饮。殷人的祭祀活动，恰以一年为一周期，以致他们干脆把"年"称为"祀"。

所以，酗酒不仅是纣王的个人行为，而且还是殷人群体性的行为，是一种陋俗。周人获得天下后，这一陋俗就成了摆在周人面前的一个大难题。这一难题，周武王还没来得及处理就去世了。当时，周成王年少，天下刚刚安定，国赖长君，周公秉持一颗大公至正之心，毅然当国摄政。摄政期间，周公制定了一系列措施，建侯卫、营成周、制礼作乐，遂奠定周代八百年基业，也确立了华夏文化的基本形态（礼乐文化）。

周公酒戒

周公东征后，分封母弟于卫（殷人故土），并开始着手处理殷人陋俗。周公秉承文王遗教，结合当时政治局势，再次颁布戒酒令。

这次戒酒令对普通百姓与官吏区别对待。殷商故土的百姓，只要能够努力从事生产，孝敬父母，为博得父母欢心，可以用酒奉养父母。这样的酒戒是相对宽松的，可以看作是对东方旧俗一定程度的妥协。针对官吏的酒戒，则相对严厉。官吏平时应该修身立德，能够尽到职责，做好工作，在祭祀的时候，才可以饮酒，稍微放松一下。这是对文王遗教的继承。另外，又开辟一条可以饮酒的途径，行养老礼时，可以饮酒（《尚书·酒诰》）。

既然颁布禁酒令，必须对违犯酒戒的人给予惩罚。周公仍将庶民与殷商故臣区别对待。严格禁止庶民聚众饮酒（群饮），一旦发现，将直接逮捕，送至周地处死，量刑极重，超过常规。殷商故臣沉湎饮酒，姑且涵容，加以

周公颁布禁酒令

教诲。如果不知悔改，依然故我，同样处死。刑罚之峻烈，实属罕见，真算得上是"刚制于酒"（《尚书·酒诰》）。试想殷人面对如此迅雷烈风般的法令，即便再嗜酒也不会以身试法吧。周公正是利用大乱之后，人心思治的心理，才颁布如此严酷的酒戒，以移风易俗、收拾民心。数年之后，周公制礼作乐，便将戒酒的思想寄寓在礼仪之中，以防止周人酗酒败德。

酒饮之别

今天，交警检查酒驾需要借助酒精测试仪，根据测试仪显示的数值来判定酒驾或醉驾。这种方法科学直观，很少有人会对测试结果提出异议。三千年前，没有这种科学直观的方式判断一个人是否饮过酒，又不能凭借执法人员的嗅觉来定罪。而且有些饮品酒精含量虽然比较低，多喝几杯，身上同样会散发出酒气，执法人员若仅依此判定对方饮了酒，人家显然不会俯首认罪。那应该怎样保证法令能够得到有效地实行，执法者能够高效的执法呢？当时所能做的也只能是明确规定哪些饮品是酒，哪些饮品不是酒。这就产生了酒与饮两个概念。酒、饮是对人们生活中饮品的一种两分。周代的饮比现代的饮料这一概念还要宽泛一些。饮有时候也称为浆（jiāng）。

周人所谓的酒有三种：事酒、昔酒、清酒（《周礼·天官·酒正职》）；饮有六种：水、浆（带醋味的饮品）、醴、凉（冰镇饮品）、医（通"醷"。醷，音yì，梅浆）、酏（yǐ，粥，《周礼·天官·浆人职》）。在职官系统中，酒、饮由不同的官员专管。酒，由酒人负责酿造、储存、供应。饮，由浆人负责制作、储存、供应。酒人、浆人都统属于酒正（酒官之长）。

醴属于饮，不属于酒，是礼的明文规定。这与周初厉行酒戒有密切关系。

醴酒之别

六饮之中，只有醴在礼仪中的作用可以与酒相媲美。而且醴与礼的精神相贯通，更远在酒之上。下面将醴、酒的区别略加介绍。

媒蘖（niè）不同

先秦时代的酒，一般认为是黄酒，酿酒时要用酒曲发酵。许慎《说文解字》说："曲，酒母也。"刘熙说："酒，酉（yǒu）也。酿之米曲，酉泽久而味美也。"（《释名·释饮食》）但是醴却不是用酒曲发酵，而是使用一种名为"蘖（niè）"的东西。《说文解字》说："蘖，牙米（发芽的米）也。"高诱（东汉人）明确指出，"醴，以蘖与黍相体，不以鞠也"（《吕氏春秋·重己篇》注）。鞠，即曲，也就是酒母。刘熙指出，醴，一夜就能酿成，它只是略有酒味而已（《释名·释饮食》）。

刘熙简要记录了曲、蘖的制作方法。

> 曲，朽也，郁之使生衣朽败也。蘖，缺也，渍麦，覆之，使生牙（通"芽"）开缺也。（《释名·释饮食》）

酒曲制作一直流传，但是蘖的制作方法，明人徐应星认为失传已久。刘熙要言不烦，很多细节无从知晓，单从文字上似乎很难明白蘖究竟是怎样制作的。幸好蘖法其实一直在民间保存着。陕北制作蘖的过程是这样的：

> 用烧得响起的热水将麦子（或加五分之一玉米）焯（chāo）浸十多分钟，把水倒掉，装入瓦盆，盖上盖儿。三四天后，它们发芽半寸，便倒出来晒干，或放锅里烘干。然后，在石碾子上压碎成粉，用罗（过滤流质或筛细粉末用的器具）将麸皮罗出，便做成了。这不是经

发酵生霉过程造出的"曲",只是麦芽而已。陕北却用它做米酒的酒母。（王克明《浊酒一杯说糵醴》，载《博览群书》2008年第10期，第66页）

王克明认为这就是"糵"，结合文献记载来看，应该没有问题。陕北人用这种方法酿成的米酒自然就是古代的醴。只是，陕北人已经把"糵"称作"曲"，把"醴"称作"酒"。

酿造酒、醴所用媒糵（酒母）不同，这样就导致它们的酒精浓度、糖分含量不同。郑玄曾指出，"醴，恬（通'甜'），与酒味异"（《周礼·酒正职》郑注）。醴的糖分含量稍高，酒精浓度低，这或许正是周公把醴归入饮，而不归入酒的原因所在。

工艺之别

酿酒工艺繁杂，而酿醴工艺简单。汉人记载，醴可以一宿而熟（今天酿米酒基本上还是如此）。酿酒则历时比较久，工艺繁杂。即以清酒为例，郑玄指出"冬酿接夏而成"（《周礼·酒正职》郑注）。

因为后世公私礼书中，醴名不副实，在此我们不厌其烦，将陕北酿醴的方法介绍如下：

造酒时，把粘性的小米和黄米浸泡一夜后，也在碾子上压成面，过罗后入蒸锅，蒸的过程中掀盖将面打散。熟后，放瓦盆内拌入"糵"，十斤米放一斤"糵"，并兑冷开水。此后，在"粥状培养基"里发酵。数日后酒香溢出，变稠粥状，即成米酒原浆。将原浆舀入热水，边添柴加温，边用罗——细筛子——将团粒罗出，至煮沸，即为米酒。（王克明《浊酒一杯说糵醴》，第67页）

王氏文中所谓的"酒"，应该改为"醴"，王氏本人也已指出这种方法酿出的其实就是古代文献中的"醴"。这种酿醴的方式确实非常简单。

从商品的属性上来看，一杯酒要比同样一杯醴的价值大得多。然而，礼乐文化生活不是商品消费活动，它不以所用商品价值的高低来区别优劣。礼乐文化生活的本质是一种文化活动，虽然也会使用商品，但它会超越商品本身价值，而赋予所运用的物品（比如醴、酒）一种文化价值。酒味虽然醇美，却能让人失去理性，陷入迷狂，因此被视为"狂药"。理性清明的周人，对它始终抱持戒惧之心。醴味薄（酒精浓度低）而略甜（糖分含量高），正是因为它具有此种特性，所以被运用到礼仪中，被赋予一种理性清明的精神（与酒之迷狂适成对比），成为礼乐文化的物质载体。

醴　宾

醴，为什么被命名为醴？汉代学者曾提出一种解释，说是因为它汁滓相体（混合在一起）。陕北人酿醴，要把小米和黄米浸泡后，碾成面，然后再拌入蘖。汉代学者的说法确实来自生活经验，有其根据，但恐怕并没有揭示出醴得名的真正原因。醴之所以被命名为醴，或许是因为它通用于一般性宾主之礼。古代圣王把这种饮品命名为醴，其本意是使醴、礼一体，革除商人酗酒的陋俗，用周人的理性清明取代商人的迷狂丧德（张德付《醴、酒、玄酒——周公制作管窥》，收入《礼乐中国：首届礼学国际学术研讨会论文集》）。

何谓一般性宾主之礼？我们在《宾主》（《中华日常礼仪基础教程》第三册）一书中曾经讲解过，这里再略加介绍。"古者有吉事，则乐与贤者欢成之；有凶事，则欲与贤者哀戚之"，事情办完后，"谢其自勤劳"（《仪礼·士冠礼》郑注），此为人际交往的一般原则，而此套礼仪，我们不妨称它为一般性宾主之礼（或宾主常礼）。周公制礼，把献醴给宾（而非酒）作为答谢宾客的方式，因此称之醴宾。醴宾，在《礼经》中也写成"礼宾"，两者的意义相同。

比如，士人举行冠礼时，正宾为冠者（主人的儿子）加完冠，并给冠者取字之后，他的任务就完成了。主人为了答谢他，要"醴宾"（《仪礼·士冠礼》）。

举行婚礼时，纳采、问名之后，主人（女方的父亲）答谢宾（男方所派使者），也要"醴宾"。醴宾，就是用醴招待宾客。

两个诸侯国的外交活动（聘礼）中，使者完成聘（相当于递交国书）、享（相当于赠送国礼）之后，主国国君也要"礼宾"，其实就是献一杯醴给使者（《仪礼·聘礼》）。

可见，不论是普通百姓日常往来，还是国家间的外交活动，其礼宾环节所用的都是"醴"，而不是"酒"，而且礼宾的仪节也基本相同。这些只是偶然的规定吗？如果我们把它放在商周之际社会的大背景下来思考，就会恍然明白这些规定的真正用意所在——限制饮酒。

醴宾（或礼宾）一般在礼仪活动结束之后。醴宾是礼仪活动的基本仪节单元，不论何种爵位，其行礼的流程、模式基本相同。主人可以在醴宾时赠送一些礼物给宾。主人赠送的礼物也有规定，例如成人礼上，赠送的是五匹帛、两张鹿皮（《仪礼·士冠礼》）。

名存实亡

醴在先秦，应该是百姓日常所饮用的饮品。冠礼的醴冠者、醴宾，婚礼的醴宾、醴妇，以及聘礼的礼宾，都使用醴。丧礼奠祭，也使用醴（《仪礼·士丧礼》）。周初颁布《酒诰》，允许祭祀用酒，所以《礼经》中的祭礼用的是酒，没有出现醴。但《诗经·周颂·丰年》说，"为酒为醴，烝畀（zhēng bì）祖妣"，那么祭祀也是可以用醴的。

唐代设置有良酝署（《唐六典》卷十五）、食官署（《唐六典》卷二十七）负责酿造酒、醴。良酝署相当于《周礼》"酒正"、"酒人"。然而，唐代没有相当

于《周礼》"浆人"的职官。《大唐开元礼》中，冠、婚等礼仪仍然使用醴。到了宋代，这些礼仪虽然保持醴的名义，比如称为"醴妇"，但是其实已经改用酒（《政和五礼新仪》卷一百七十五《帝姬降嫁仪》）。明清的礼仪沿袭宋礼做法，以醴之名，行酒之实。即便我们承认唐礼中的"醴"不是虚名，但在官方礼典中，从宋代开始，醴已经名存实亡，这是不争的事实。

醴的寓意

周公制礼，把醴与礼视为一体，是取其味薄（酒精浓度低）的意象，从而赋予它一种理性清明的文化意义。醴、礼一体，醴就是礼的象征，就是礼乐文化的物质载体。

醴还有一个特性，不能久存，时间久了它会继续发酵，从而变酸。孔子有感于此，曾指出，"君子之接如水，小人之接如醴。君子淡以成，小人甘以坏"（《礼记·表记》）。孔子取醴味甘甜却容易变酸坏掉的意象，以此比喻小人之交虽然亲昵却不能长久。庄子后学把那句话改造成了我们更熟悉的样子

君子之接如水，小人之接如醴

"君子之交淡若水，小人之交甘若醴；君子淡以亲，小人甘以绝"（《庄子·外篇·山木》）。这样，道家就赋予醴一种负面的文化意义，与周公所赋予它的文化意义截然不同。

思考讨论

周礼，宾主日常交际用醴而不用酒，礼乐文化更是以醴为物质载体，请阐述其中的含义。

链接

蟋蟀

蟋蟀在堂，岁聿其莫。今我不乐，日月其除。无已大康，职思其居。好乐无荒，良士瞿瞿。

蟋蟀在堂，岁聿其逝。今我不乐，日月其迈。无已大康，职思其外。好乐无荒，良士蹶蹶。

蟋蟀在堂，役车其休。今我不乐，日月其慆（tāo）。无已大康，职思其忧。好乐无荒，良士休休。

（《诗经·唐风》）

杂言

明·张羽

生平颇爱酒，未尝自斟酌。一与佳宾遇，陶然不复却。

虽得一醉欢，伤生莫能觉。况复多谬忘，空为俗所薄。

静言思利己，一止良不恶。东邻有父老，顾我忽大噱。

与子共秃翁，忍弃手中爵。酒为荣卫桢，多忧正相博。

呼儿漉新酿，且复共酬酢。醉罢各相恕，谁诚责狂药。

（钱谦益《列朝诗集》甲集第八）

第七课　茶果

韦昭（史书避晋司马昭讳，改为曜）是东吴著名学者。孙晧（hào）即位之初，对韦昭礼遇有加。孙晧经常整日宴饮，不管臣子酒量如何，都必须饮满七升。如果不饮，孙晧就会派人强行灌酒。韦昭只有二升的酒量，孙晧便经常裁减他的酒数，或暗中赐给他"茶荈（chuǎn，茶晚取者名荈）以当酒"（《三国志·吴书·韦曜传》）。

楚元王为穆生设醴代酒，孙晧赐韦昭茶荈当酒，都是具有象征意义的事件。与酒对峙的饮品，四百多年间，实现了转化，醴退而茶进。其后，醴之名虽存，醴之实却被酒取代，醴在礼制中处于名存实亡的尴尬境地。而茶在礼仪中的地位则逐渐攀升，尽管没能完全取代醴，但是由于天然属性优良，茶作为一种理性清明的象征更合情合理，足以与酒的迷狂相对峙。

客至奉茶

《尔雅》已经有关于茶的记载，称为槚（jiǎ。槚，苦荼。《尔雅·释木》），但是茶并不在《周礼》的六饮之列。汉乐府古辞《陇西行》，描写一位能干的妇人主持门户的情形，迎客至堂，寒暄一番后（问客平安不），请客至北堂安坐，然后"酌酒持与客"（曹道衡选注《乐府诗选》，人民文学出版社，2007年，第41页）。看来，那时以茶待客的习惯尚未形成。

晋代弘君举《食檄》说："寒温既毕，应下霜华之茗"（《茶经》卷下）。

迎客奉茶图

但这种做法可能并不普遍。晋人王濛喜欢饮茶，客人来访，便以茶待客。士大夫都以此为患，每次访问王濛，必定会说，"今日有水厄"（范祥雍《洛阳伽蓝记校注》附编一，上海古籍出版社，1978年，第355页）。

唐代饮茶之风大盛，可是《大唐开元礼》中竟然不见茶的踪影。反而是流传并不广泛的《女论语》，将客至奉茶规定为女子必修的礼仪。若有女客来访，要"备办茶汤，迎来递去。莫学他人，抬身不顾"。若是到人家做客，"相见传茶，即通事故。说罢起身，再三辞去"（《女论语·学礼》）。

南宋朱熹《家礼》正式将客至奉茶定为迎宾后的礼仪条文（《书仪》尚未如此）。到了清代，进茶、饮茶叙语成为官方礼典相见礼的一部分。宾客接受茶后，要拜谢（满人跪叩、汉人拜手），主人答拜。饮茶叙语毕，宾客即告辞而去（《大清通礼》卷四十四）。

客至奉茶跟醴宾不同。醴宾是在礼仪活动结束之后，有答谢的意味，偏重于义。进茶则在宾主叙语之前，似乎应当看做迎宾仪式的延续，偏重于仁。不管怎样，客至奉茶得到官方承认，编入礼典，茶一定

程度上取代了醴在礼中的位置。古礼把用醴招待宾客，称为醴宾。我们不妨把客至奉茶称为"茶宾"。

　　清代礼仪没有对饮茶的细节进行规定。我们不妨把醴宾的礼仪稍加改造，用在茶宾之中。茶宾之前，应该洗手，清洗茶具，以示洁净。清洗时，茶杯外壁的水珠可以用帨巾擦拭，内壁则只能轻轻振去。即便茶具本是干净的，也应该在宾客来至之后，重新洗涤。茶具上留有茶渍，尤为失礼。奉茶时，一般不宜直接用手捧茶杯，应该用茶碟托着茶杯。茶杯一般比较小巧，直接用手捧，容易触碰茶杯边缘或内壁，那又不洁净了。如果茶杯较小，茶水较烫，不宜亲手授受，主人应将茶杯放在桌面上。宾客稍微将茶杯向东迁移一下，表示不敢当，然后拜谢（可以拱一下手，或稍俯身）。主人答拜。喝茶时，一般左手托住茶杯，右手扶住。茶水较烫，不宜用嘴吹。饮茶要慢慢呷，不宜牛饮，不宜发出声音。如果有茶盖，左手扶住茶杯，右手捏住盖纽，揭开后，反面放在茶碟右边，然后端起茶杯放在左手上，右手扶住再喝。宾客品过茶后，理应赞美一番。

燕礼进茶

　　燕饮进茶的习俗出现的比较早，只不过很长时间内都没有被写入礼典之中。南北朝时期，南朝饮茶，北朝饮酪。王肃本是南朝人，初到北方，不习惯吃羊肉、饮酪浆，经常吃鲫鱼羹，饮茶。数年后，王肃习惯了北方的饮食。一次宴会，孝文帝发现王肃吃了很多羊肉、酪粥，便问道："羊肉何如鱼羹？茗饮何如酪浆？"王肃回答说："羊是陆产之最，鱼是水族之长。人们各有所好，都称得上是佳肴。单纯以味道来说，优劣还是比较明显的。羊好比是齐鲁大邦，鱼好比是邾莒（zhū jǔ，春秋时代两个小国）小国。茶呢，只配给酪做奴仆。"由此，北朝人遂称茶为酪奴。

《大唐开元礼》中的燕饮之礼，并没有进茶的仪节。宋徽宗嗜茶，精通茶道，推动茶正式进入礼典。宋徽宗在位期间制定的宴飨礼仪，一般都是茶、酒并设，"尚酝设御酒樽、酒器于御座之东，尚食设御茶床于御座之西"（《政和五礼新仪》卷一百五十一《紫宸殿正旦宴大辽使仪》），那只是皇帝一人所享受的待遇，臣子们只设酒樽、酒器，没有茶床（茶几）。皇帝在燕礼中也会赐茶、酒给侍者，以示恩泽。但是，此时的燕礼，只有行酒仪节，没有进茶的仪节。可见，茶虽然进入了礼仪，但在燕礼的正式仪节中还没有一席之地。

"进茶"作为一个独立的仪节单元进入燕礼是在清代。举行太和殿（筵燕）之礼时，皇帝就位之后，进茶官进茶给皇帝。皇帝饮茶毕，侍卫等分赐茶给文武百官以及外国陪臣。君臣饮茶之后，群臣奉觞上寿，然后才行酒（《大清通礼》卷三十七）。皇后与妃嫔、命妇等在慈宁宫举行筵燕之礼，也遵循这样的程序（《大清通礼》卷三十七）。至此，茶才真正融入燕礼。

茶　祭

按照古礼，醴、酒用于奠祭，而且在丧礼中，醴重于酒（《仪礼·士丧礼》）。醴名存实亡，在官方礼典中，醴的名号（其实是酒）在丧祭中一直还存在。而私家编撰的礼书，则早早地就把醴摒除在外了，如司马光《书仪》、朱熹《家礼》丧祭部分醴已经消失，被茶取代。

茶进入奠祭，似乎起于南齐。南齐武帝萧赜（zé）临终下诏，命后人祭奠时，"慎勿以牲为祭"，只设"饼、茶饮、干饭、酒脯"就可以了。萧赜此举应当是出于他对佛教的虔信，所以才遗命不准杀生祭祀，并规定朔望（初一、十五）只可设"菜食"。这本是个人信仰，但萧赜在诏书中

明确规定，"天下贵贱，咸同此制"（《南齐书·武帝纪》）。这样，诏书所规定的祭奠用物，就具备了礼法的地位。

祭祀不杀牺牲，这在儒家看来是无法接受的，称之为"不血食"，"不血食"是后嗣灭绝的代名词。所以，萧赜"慎勿以牲为祭"的规定，后世公私礼书都没有遵循。但私家礼书却把茶、酒祭奠作为成规延续了下来。

《大唐开元礼》相对保守，奠祭用醴、酒，不用茶。后世的官方礼典还是顺应时代潮流，将茶纳入到了祭奠所用饮品中。如明礼规定，吊丧祭奠要用香、茶、烛、酒、果。宾客来至灵座前，哭泣尽哀，然后再拜，焚香，跪酹（lèi，把酒茶洒在地上表示祭奠）茶、酒（《明集礼》卷三十七）。

香、茶、烛、酒、果祭奠图

果　品

醴有固定搭配的脯醢。与茶搭配的果点，公私礼书都没有明确规定。各地做法，有很大差异，却也有成规可循（《清稗类抄·饮食类》）。在此，我们只介绍一下与果品相关的礼仪。

按照古礼，如果不同爵位的人在一起聚会，进献瓜（香瓜）时，要根据对方爵位给予不同的待遇，以表现出等差来。为天子削瓜，先切成四条，再从中切断，然后用细葛布遮盖；为诸侯削瓜，先切成两片，再从中切断，然后用粗葛布遮盖；为大夫削瓜，先切成两片，再从中切断，不必用巾遮盖；为士削瓜，只除去瓜蒂，横着切断，也不用巾遮盖；为庶人献瓜，只需除去瓜蒂（《礼记·曲礼上》）。若不是在一起聚会，则不必如此。古人食前要祭先（第一个发明这种食物的人），吃瓜时，要从瓜蒂处取一小块用于祭先，然后吃中间部分，手持的部位则要丢弃（《礼记·玉藻》）。我们今天进献瓜给宾客，应该先切成大小相对均匀的条块，然后用巾盖住。

　　进献水果给宾客，事先应该清洗干净，但有些水果上面有绒毛，无法清洗干净，比如桃子。古人吃桃时，同时要备有黍饭，用以雪桃（擦去绒毛）。孔子侍奉鲁哀公，鲁哀公赏赐给孔子桃子与黍饭。哀公说："请享用吧。"孔子先把黍饭吃掉，然后吃桃。侍者都掩口而笑。鲁哀公说："黍饭是用来雪桃的，并不是吃的。"孔子说："我知道。但是，黍是五谷之长，桃是果中下品。君子以贱雪贵，不闻以贵雪贱。"（《孔子家语·子路初见》）

　　进献橘子、橙子等水果给宾客，应该同时

黍饭是雪桃用的，不是吃的！

黍
五谷之长

桃
果中下品

孔子食雪桃之黍

配有剥皮用的削刀。

吃枣、桃、李等，果核不可随意丢弃在地面上（《礼记·玉藻》）。按照古礼，如果是国君所赏赐的水果，若有果核，不可把核丢在地上，而要"怀其核"，以免有嫌弃君主食物的嫌疑（《礼记·曲礼上》）。我们今天应该把果核轻轻放入收残食的器皿里，放时不宜用力。

醴茶之化

自从醴名存实亡，茶在礼仪中的位置逐渐攀升，先在私家礼书中取代了醴，后又在官方礼典中获得一席之地。这样一个过程，是由茶本身的物质属性所决定的。醴虽然酒精含量低，毕竟还是含有酒精，喝多了也能令人昏醉。醴代表理性清明，只有在与酒容易使人迷狂的对比之下才能彰显出来。而茶叶中含有茶多酚（fēn）、咖啡碱等物质，本身具有提神作用，可以对治昏沉，也可以与酒精引起的精神抑制过程相对抗。在使人保持理性清明方面，醴的作用是消极的，茶的作用则是积极的。所以，茶的物质属性就决定它是理性清明的最佳代表物。

传统礼仪中，醴隐茶兴的过程，犹如先贤所说的"化"——"状变而实无别"（《荀子·正名》）。"状变"，表征发生了改变，从醴变成了茶；但其"实"，代表理性清明的精神内涵却传递下来了。

古人品茶，注重保持茶本身的味道，不轻易杂入其他水果、香草，那样啜之淡然，似乎无味，恰合了老子"味无味"的主张。黄庭坚写道，"味浓香永，醉乡路，成佳境。恰如灯下故人，万里归来对影。口不能言，心下快活自省"（《品令·咏茶》）。这方面确实是醴所不具备的。

思考讨论

客至奉茶都有哪些礼仪需要注意？

链接

忆茗芽

唐·李德裕

谷中春日暖，渐忆掇茶英。欲及清明火，能销醉客醒（chéng）。
松花飘鼎泛，兰气入瓯（ōu）轻。饮罢闲无事，扪（mén）萝溪上行。

（《全唐诗》卷四百七十五）

饮茶歌诮（qiào）崔石使君

唐·皎 然

越人遗我剡（shàn）溪茗，采得金芽爨（cuàn）金鼎。素瓷雪色缥沫香，何似诸仙琼蕊浆。一饮涤昏寐，情来朗爽满天地。再饮清我神，忽如飞雨洒轻尘。三饮便得道，何须苦心破烦恼。此物清高世莫知，世人饮酒多自欺。愁看毕卓瓮间夜，笑向陶潜篱下时。崔侯啜之意不已，狂歌一曲惊人耳。孰知茶道全尔真，唯有丹丘得如此。

（《全唐诗》卷八百二十一）

第八课　酒礼

　　孙季舒与石崇一同燕饮，孙季舒喝得酣畅，忘乎所以，对石崇非常傲慢。石崇咽不下这口气，便准备上书罢免孙季舒。裴楷听说后，对石崇说："你给别人喝狂药，却要求别人行正礼，岂不是很荒谬背理吗？"石崇这才罢手（《晋书·裴楷传》）。

　　酒少饮有益，可以和血行气、壮神御寒，又可以消愁遣兴，因此古人称它为"天之美禄"（《本草纲目》卷二十五）。但饮用过度，则会令人失去理性，于是古人又送它一个绰号

大禹疏远仪狄

"狂药"。据说，当年仪狄（相传是我国最早的酿酒人）作酒，献给大禹。大禹饮用之后，觉得确实甘美，但却从此疏远仪狄，戒了酒，并预言后世必定会有因酒亡国的人（《战国策·魏策二》）。大禹的预言应验了，夏、商的灭亡，都可以说是酒祸。周人目睹商纣王酗酒败德，以殷为鉴，对酒保持戒备恐惧之心，并制定酒礼以限制饮酒。

酒戒与礼

周公颁布《酒诰》，在制礼作乐之前。后来，制礼作乐仍恪守《酒诰》的相关规定。我们考察《礼经》中用酒的情况，就会发现，它跟《酒诰》的规定基本相合。

《酒诰》规定一般人际往来不可以饮酒，只有祭祀时能饮酒。《礼经》中，一般人际往来确实不用酒，而是用醴（《仪礼·士冠礼》）。《礼经》规定，士人虞祭（安魂之祭，属于丧祭）酒、醴并用，平常岁时祭祀（属于吉祭）则只使用酒。祭祀结束后，主人要用酒酬谢宾客，可以与宾客、兄弟等燕饮（《仪礼·特牲馈食礼》）。

《酒诰》还规定养老可以饮酒。周公制礼，养老是由国君、地方长官等所行的礼仪，属于政府行为。地方政府养老行饮酒礼。从礼仪的名称上，我们就可以知道，行养老礼时饮用的是酒。当然，饮酒要遵循礼仪行事，不会纵饮。

另外，《酒诰》规定不准百姓聚饮，若违反，会被处死。这种情况没有办法从《礼经》中体现出来。但秦汉的法律有与之相关的条文，而且规定更为合理。汉律规定，三人以上无故聚在一起饮酒，罚金四两。天子大布恩德，赐酺（pú），才可以聚饮。汉文帝即位之初，曾允许百姓聚饮五日（《汉书·文帝纪》）。汉承秦制，秦代的法律应该也是如此。后世法律没有限制群饮，但朝廷也常赐酺，那纯粹是一种庆贺活动，与酒戒无关，另当别论。

酒　礼

为避免酒祸，周公制定了完备的礼仪限制饮酒，寓戒于礼，可谓"事为之制，曲为之防"（《汉书·礼乐志》）。周代与燕饮相关的礼仪分为三

种，飨礼、食礼、燕礼。飨礼失传，姑且不论。燕礼，饮酒在其中起着重要作用，周公制定了主宾之间献、酢（zuò）的礼仪，酒被称为"礼酒"（"礼酒"的概念不见于《仪礼》，而见于《周礼·天官·酒人职》等）。食礼，以饭食为主，酒只是辅助，被称为"饮酒"（"饮酒"的概念既见于《仪礼》，又见于《周礼》）。

食礼，设"饮酒"的同时，还要设"浆饮"（不属于酒）。行礼时，宾客吃完饭后，用"浆饮"漱口三次。那么，食礼中的"饮酒"似乎就只用来祭先，并不真正饮用，所饮用的是"浆饮"（《仪礼·公食大夫礼》）。

礼酒，所重在礼，不在酒。饮用礼酒有严格的礼仪程序，不容错乱。这些礼仪程序主要包括一献之礼、旅酬、无算爵。今天，人们饮酒时没有限制饮酒的礼仪程序，常常因酒酿祸。下面，我们逐一介绍下这些礼仪，作为今人饮酒的参照。

一献之礼

宾主燕饮，主人先与宾行一献之礼。一献之礼包括献、酢（《说文》作"醋"）、酬三个环节。主人亲自为宾酌酒，奉给宾，称为献。宾饮毕，也要亲自为主人酌酒，回敬主人，称为酢。主人饮毕，再去酌酒，自饮一杯，然后酌酒奉给宾，称为酬。宾接过酬酒，并不饮用（酬酒不举。《仪礼·乡饮酒礼》）。这样献、酢、酬共同组成饮酒礼的一个单元，称为一献之礼。

主人与宾行一献之礼时，要拜很多次，所谓"一献之礼，宾主百拜"（《礼记·乐记》），这样设计是为了重礼轻酒，防备酒祸。另外，宾主饮酒时，还有固定的礼仪要遵循。饮酒时，一般有脯醢等配套的食物。宾饮酒前，要先祭食，然后祭酒。祭酒后，宾要来到席末坐下，啐（cuì）酒（相当于品酒）。啐酒后，宾来到席位西端拜，称赞酒美。宾端起酒爵来到西阶上，面朝北坐下，喝完杯中酒（卒爵）。宾饮酒的完整过程包括祭酒、啐酒、卒爵三道程序。

祭酒，是祭祀发明酒的人，是报恩的表现。古希腊人饮酒之前，也要祭酒，祭的是酒神狄奥尼索斯（海伦·梅克勒《宴饮的历史》，希望出版社，2007年，第38页）。

啐酒，品尝一下酒，主要是为了赞美主人的酒好（告旨）。宾啐酒要来到席子末端坐下，卒爵则要从席子的西头来到西阶上，这是表示那席位并不是专为饮食而设，它的主要功能是行礼（于席末，言是席之正，非专为饮食也，为行礼也。《礼记·乡饮酒义》）。

由于酒是属于主人的，所以主人饮酒不必告旨，也就没有啐酒的仪节，但主人卒爵之后要再拜崇酒。崇酒与告旨相对，宾告旨是出于尊人，主人崇酒是出于自谦，向宾客致歉，说酒太劣。主人饮酒也是三道程序：祭酒、卒爵、崇酒。另外，虽然酒是主人所提供，但酒樽（酒壶）要放置在宾主之间，以表示与宾客共享（尊于房户之间，宾主共之也。《礼记·乡饮酒义》）。

主人酬宾时，先自饮一杯，是为了劝宾。但是宾接过酬酒，却把酒杯放在左手边（之前酒杯都放在右手边），表示不再饮用。此种行为，礼称为"酬酒不举"，它是为了表达"君子不尽人之欢，不竭人之忠，以全交也"（《礼记·曲礼上》）的意思，处事留余，细水长流。

主人与宾行完一献之礼，再跟其他人行礼，同样要遵循一献之礼的模式，但礼节有所减省。

旅酬

主人与所有宾客行完一献之礼后，会准备一些歌舞等活动以娱乐宾客。娱乐宾客告一段落，宾主之间要行旅酬之礼。所谓旅，是指依次行礼。所谓酬，是指先自饮以劝人饮酒。旅酬，就是依次自饮，以劝人饮酒。

旅酬时，要设置司正相礼。司正还负有监察宾主仪容的责任。若有人失礼，司正可以给予惩罚。司正任职前，要先自饮一杯。一献之礼时，主人酬宾，宾未饮酬酒。旅酬时，即从宾开始。先由主人的一位下属自饮一杯，然后献酒给宾。接下来，宾酬主人，主人酬介（次宾），介

酬众宾，众宾依次行礼（《礼记·乡饮酒义》）。旅酬要么按照年齿（如乡饮酒礼）、要么按照爵位（如燕礼）来行礼。

行一献之礼时，宾主之间并没有言语交流，彼此只是以礼相见。旅酬时，彼此之间可以交谈（古者于旅也语。《仪礼·乡射礼·记》）。旅酬时，不必洗酒杯，也不必祭酒（凡旅，不洗。不洗者，不祭。《仪礼·乡射礼·记》）。

无算爵

饮酒礼仪的最后一个环节是"无算爵"（《仪礼·乡饮酒礼》）。无算爵，是指宾主饮酒并不设置固定的量。无算爵一开始，要由主人的两位下属分别酬宾、介，然后宾、介再去酬其他人，两两交错进行。这时主人会进献各种佳肴，宾主之间觥筹交错，饮酒尽兴，至醉而止。礼中所谓的"醉"，是指"卒其度量，不至于乱"（《说文解字》卷十四），并不是酩酊（mǐng dǐng）不省人事的状态。

无算爵阶段，参与饮酒的人，各随其量，能饮者饮，不能饮者停饮，不会存在强人饮酒的情况。不论是私宴，还是公宴，饮酒都是以"醉"为上限，超过这个上限，就是"乱"。按照礼仪，饮酒不尽自己的量，那是与主人还很生分，不够亲近；如果饮酒过度，需人扶持才能出门，那是不够自重，对主人不敬。

一献之礼、旅酬的限制性很强，戒酒之意就寄寓其中。无算爵，才是为宾主尽兴而设，却又强调不可至于昏乱。今天，各地饮酒的礼数差异虽大，但无不强人饮酒。古礼劝人饮酒，要先自饮一杯。这样的礼仪若得以恢复，强人饮酒的风气大概会有所改观吧。

酒　器

酒器名目繁多，《礼经》中的酒器主要是爵与觯（zhì），它们配合为用，从而产生戒酒的效果。

周代，梓人（古代木工）负责制作酒器，酒器的容量都有固定标准。酌酒用的勺容量是一升，爵的容量也是一升，觯的容量是三升（《考工记·梓人》。原文作"觚（gū）"，郑玄认为是"觯"字之误）。

爵　　　　　觯

　　为什么是这样的标准呢？因为献酒时用爵，酬酒时用觯。一次燕饮活动，如乡饮酒礼，基本的礼仪是一献（宾客刚至，主人献一次酒）三酬（主人酬宾一次，旅酬一次，无算爵又酬一次），一献用爵（一升），三酬用觯（三升），合计恰为一斗。"食一豆肉，饮一豆酒，中人之食也"（"豆"为"斗"之误。《考工记·梓人》），也就是一般人的饭量、酒量。由此，饮醴、饮罚酒用觯，也得到了很好的解释。醴酒精含量低，杯子不妨大些。罚酒古人说是"浮一大白（指罚饮一大杯酒）"，这"大"就表现在酒器的容量上面。

　　另外，礼规定士大夫饮酒，要把酒樽放置在"禁"上面，天子、诸侯可以不用"禁"（《礼记·礼器》）。之所以把放置酒樽的器物称为"禁"，是想让参与燕饮的人在酌酒、饮酒的时候，看到这个礼器，心生警惧，保证饮酒不过量。

　　连酒器的设计，都蕴含戒酒之意，古代圣王为了防备酒祸，真是用心良苦。一般认为，古礼中的酒是黄酒，度数低，所以酒器偏大。后世所饮白酒是烧酒，度数高，所以酒器普遍偏小。虽然酒器容量小，但由于没有礼仪的限制，不知酿出多少祸患来。

玄酒之尚

　　《周礼》把水归属六饮，《礼经》却把水称为"玄酒"。古礼，除了

丧礼酒、醴并设（《仪礼·士丧礼》），食礼饮酒、浆饮并设（《仪礼·公食大夫礼》）之外，其他礼仪活动若是用酒，必定同时要设一壶玄酒。如果用醴，则不必设玄酒。而且玄酒要放在酒的西边，以示尊贵。设酒的同时，为什么要设玄酒？先贤认为这样做是"反本修古"，表示不敢忘本（《礼记·礼器》）。其实，玄酒是有实际用途的。举行婚礼，新郎迎接新娘进入寝门，赞礼者要酌三勺玄酒，兑入酒中（《仪礼·士昏礼》）。祭祀时也有类似的做法，先贤认为这样做是为了"新之"（《礼记·郊特牲》），使酒具有了新酿的意味。

王国维先生提出一种全新的看法，他认为放置玄酒是为了稀释酒，降低酒精浓度，并指出盉（hé）正是专门用于调酒的器物（王国维《说盉》，收入《观堂集林》第一册，中华书局，1961年，第153页）。王先生的看法很具有启发性，是对先贤观点的补充。古希腊人燕饮之前，也要往酒中兑水。他们兑酒，先把水倒在容器里，然后倒酒，酒的密度比水大，两种液体会迅速融合

盉

（海德伦·梅克勒《宴饮的历史》，第47页）。《礼经》则同时陈放酒、玄酒，饮酒前，从盛放玄酒的壶中舀出三勺注入酒壶，然后搅动一番。平时饮酒应该存在王国维所说用盉调酒的情况。

司　正

旅酬虽有一定的次序，但由于人数众多，为免混乱，需要有人相礼。所以在旅酬前，主人要郑重任命一位下属为司正辅助众人行礼。另外，行礼已久，有些人可能会心生懈怠，司正因此又负有监察失礼行为的责任。司正推辞一番，才接受任命，然后要自饮一杯。

司正相当于后世的酒监、酒吏。历史上最著名的酒吏，应该是西汉朱虚侯刘章。当时，吕太后当政，吕氏家族得势，刘姓子孙受到排挤，刘章对此愤愤不平。刘章入宫参加宴会，吕太后任命他为酒吏。刘章说："臣是将门之后，请允许我以军法行酒令。"吕太后答应了他的请求。君臣酒兴正浓，刘章跳舞助兴，又说："请允许我为太后唱首耕田歌。"吕太后笑着说："你父亲懂得耕田，你生下来就是王子，哪里晓得耕田之事？"刘章说："我晓得。"吕太后让他唱唱看。刘章唱道："深耕穊（jì，稠密）种，立苗欲疏。非其种者，锄而去之。"吕太后听出他别有所指，默然不语。过了一会，吕氏家族中有一个人喝醉了，逃离酒席。刘章追出去，拔剑把他杀了，回来禀报说："有一个人逃离酒席，我根据军法把他斩了。"吕太后和左右大吃一惊，然而事前已经允许他按军法行事，也就无法怪罪他（《史记·齐悼惠王世家》）。

设置酒正，本是为了相礼，监察失仪的行为。后来，其职能变成督酒，监察宾主饮酒，以免有人逃酒。这就有悖于礼仪的精神了。

吕太后任命刘章为酒吏

你为何只喝一半酒，剩下都倒掉呢？

臣下听说酒入舌出，舌出言失，言失身弃。与其弃身，不如弃酒啊。

管仲弃酒

孔子说，人们按照礼仪饮酒，开始尚能保持理性，最后常不免狂乱（以礼饮酒者，始乎治，常卒乎乱。《庄子·人间世》）。讲究酒礼的时代尚且如此，更何况酒礼荡然无存的今天呢？

齐桓公请管仲饮酒，管仲只喝一半，将剩余的倒掉。桓公问其缘故，管仲回答说："臣下听说酒入舌出，舌出言失，言失身弃。与其弃身，不如弃酒啊。"（《管子》，《太平御览》卷八百四十四引）古往今来，不知多少人喝醉后，使酒骂座，惹来祸端。管子此言可以作为龟鉴。

诗云："人之齐圣，饮酒温克。"（《诗经·小雅·小宛》）虽然饮酒，却能够保持温恭的风度，那修养自然不同寻常。

思考讨论

我们今天可以从古代酒礼中学习哪些内容？

链接

宾之初筵

宾之初筵，左右秩秩。笾（biān）豆有楚，殽（yáo）核维旅。酒既和旨，饮酒孔偕。钟鼓既设，举酬逸逸。大侯既抗，弓矢斯张。射夫既同，献尔发功。发彼有的（dì），以祈尔爵。

籥（yuè）舞笙鼓，乐既和奏。烝衎（kàn）烈祖，以洽百礼。百礼既至，有壬有林。锡尔纯嘏（gǔ），子孙其湛（dān）。其湛曰乐，各奏尔能。宾载手仇，室人入又。酌彼康爵，以奏尔时。

宾之初筵，温温其恭。其未醉止，威仪反反。曰既醉止，威仪幡幡。舍其坐迁，屡舞仙仙。其未醉止，威仪抑抑。曰既醉止，威仪怭（bì）怭。是曰既醉，不知其秩。

宾既醉止，载号载呶（náo）。乱我笾豆，屡舞僛（qī）僛。是曰既醉，不知其邮。侧弁（biàn）之俄，屡舞傞（suō）傞。既醉而出，并受其福。醉而不出，是谓伐德。饮酒孔嘉，维其令仪。

凡此饮酒，或醉或否。既立之监，或佐之史。彼醉不臧，不醉反耻。式勿从谓，无俾大怠。匪言勿言，匪由勿语。由醉之言，俾出童羖（gǔ）。三爵不识，矧（shěn）敢多又。

（《诗经·小雅》）

遣兴

唐·韩 愈

断送一生惟有酒，寻思百计不如闲。莫忧世事兼身事，须著人间比梦间。

（《韩昌黎全集》卷十）

第九课　食礼

　　宗悫（què，南朝宋名将）年少时，气度非凡，叔父宗少文问他的志向是什么。宗悫回答说："愿乘长风破万里浪。"同乡庾业家境富裕，生活奢侈，宴请宾客，菜肴非常丰盛，却只为宗悫准备粗饭、蔬菜，而且对其他客人说，"宗悫军人出身，习惯吃粗饭。"宗悫也不计较，饱餐而去（《南史·宗悫传》）。诗云："民之失德，干糇（hóu，粮）以愆（qiān，罪）。"（《诗经·小雅·伐木》）。干糇，即干粮，一般比较粗恶。粗恶的食物不与人分享，尚且会

庾业为宗悫设粗食

获罪于人，更何况是美食呢？若是其他人，庾业很可能因食获罪。宗悫为人宽厚，成为庾业的上级之后，也不计前嫌，以庾业为长史，待他非常优厚。

　　有人问屋庐子（孟子弟子）："礼与食，哪一个更重要？"屋庐子回答

说："礼重。"（《孟子·告子下》）传统社会注重以礼饮食，不合乎礼仪，宁愿不吃。燕饮之礼，享用美食时，都有哪些礼仪呢？

祭 食

按照古礼，食前要祭祀。我们得到食物，享用之前，要将每种食物取出少许，放置在餐具之间的地面（或桌面）上，此为祭食（《礼记正义》卷三）。为什么要祭食？祭的又是谁呢？祭祀从本质上讲是一种报恩行为。有些人为人群做出了很大的贡献，后人不敢忘本，有德必酬，就有了祭祀。先贤认为我们的日常饮食并不是上帝（或神灵）的恩赐，而是先人的发明，出于神农的勇气、后稷的智慧，出于制作每种食物的无名氏。祭食就是要报答他们的恩德。由于很多人的名号没有流传下来，所以餐前祭祀也可以笼统地称为"祭先"。中国人的祭祀（包括祭食）是一种人文活动，早已超越了神道设教的阶段。现代人喜欢说感恩，古人则更注重报恩，并不只是存念于心，还要付诸实际行动。孔子饮食时，虽然是蔬食菜羹，也一定要祭，而且祭时非常虔敬（《论语·乡党》）。

若宾主对等（或宾尊贵），则宾客先祭食。祭食根据主人荐食的顺序逐次进行，全部祭一遍。若是宾客地位比主人低，则主人先祭，宾客后祭（《礼记·曲礼上》）。宾客祭食，含有看重主人的饮食（祭者，盛主人之馔也。《礼记·玉藻》郑玄注）以及敬重主人的礼仪的意味（祭荐、祭酒，敬礼也。《礼记·乡饮酒义》）。所以，宾客祭食，主人要推辞说："区区粗食，不足备礼"（不足祭也。《礼记·玉藻》）。酒、醴饮用前，也要祭。但水、浆等其他饮品不需要祭。水、浆非常普通，并非盛馔，如果宾客连水、浆也用来祭先，会给人一种畏惧主人的感觉（《礼记·玉藻》）。但是国君宴请臣子，臣子还是要祭浆饮（《仪礼·公食大夫礼》）。

还有一种说法，"食礼，主人亲馈则客祭，主人不亲馈则客不祭"

（《礼记·坊记》），祭食与否要根据主人是否亲自进献食物而定。

祭食的礼仪没有流传下来。宋代黄庭坚写了一篇《食时五观》（高濂《遵生八笺·清修妙论笺上卷》），影响甚大。

一、计功多少，量彼来处。观想一顿饭要耗费许多人功，思想饭食来之不易。

二、忖己德行，全缺应供。从三方面反思自己的德行：事亲是否尽孝、事君是否尽忠、立身是否依道而行。三方面做得都很完备，可以问心无愧地享用食物。若是有所缺憾，应当知道羞耻，不敢肆意饮食。

三、防心为（或作"离"）过，贪等为宗。食前观想：不可以贪求美味；不因食物不可口而嗔怒下人；食物只是用来充饥，不必食前方丈。总之，饮食时，要防止贪、嗔、痴等过错。

四、正事（或作"是"）良药，为疗形苦。观想形体的饥渴犹如疾病，食物只是疗病的药。

五、为成道业，故受此食。观想孔夫子所说的"君子无终食之间违仁"（《论语·里仁》），然后受食。饮食毕，要勤修道业，不可懈怠。

《食时五观》融合了儒家与佛家的思想，虽然跟古礼存在一定的差距，但也透露出浓厚的人文气息。后来禅门把《食时五观》正式定为僧人用餐时的礼仪（宗赜《禅院清规》卷一）。

拜　辞

古礼，主人进献酒水、食物给宾客之后，宾主之间要互拜。乡饮酒礼，主人献酒，宾客拜受，主人拜送（《仪礼·乡饮酒礼》）。国君设宴招待使者（他国大夫），国君再拜，揖食（请大夫吃）。大夫要再拜稽首（《仪礼·公食大夫礼》）。如果陪侍尊长参加宴会，主人亲自为自己进献食物，要拜谢之后再享用；主人不亲自进献食物，则不必拜（《礼记·曲礼上》）。

宾主对等时，主人请宾客进食时，宾客不必推辞。宾客比主人地位低一等，在享受之前，则要执持食器，站起来，辞谢主人，做出要到堂下享用的姿态，表示不敢在尊位享用食物。主人站起来，推辞，宾客才回到原座（《礼记·曲礼上》）。若是国君招待使者，使者左手持簠（fǔ，盛粱饭），右手持镫（dēng，盛肉汤），降下堂去，等国君推辞之后，才又升堂（《仪礼·公食大夫礼》）。如果陪侍尊长参加宴会，尽管主人为我们提供的食物跟长者的一样丰盛，也不必推辞（御同于长者，虽贰不辞。《礼记·曲礼上》）。因为，主人之意在长者，并不在我们，若我们推辞，就有替长者嫌其礼盛的意味了，是不合礼的。如果主人宴请宾客，邀请我们陪客，因为盛馔不是专为我们而设，也不必辞（偶坐不辞。《礼记·曲礼上》）。

尝　食

古礼，正式享用食物之前，还要有人尝食。天子、诸侯日常饮食，都有专门官吏负责尝食。周代，膳夫尝食之后，天子才吃（《周礼·天官·膳夫职》）。清代皇帝御膳，由厨子以及负责的官员尝食。若不尝食，则会受到责罚（《大清会典》卷一百六十四）。

对于尝食，不少人认为是为了防止有人下毒，这实为一种误解。尝食是古代燕饮礼仪中必要的环节，并不限于天子、诸侯。士大夫一起燕饮，乃至平常侍奉尊长饮食，也都要尝食。试问那时又何必防止别人投毒呢？礼中尝食的主要作用是品尝饭食是否夹生、焦糊或者味道是否适中（备火齐不得。《礼记·玉藻》郑玄注）。正因为如此，经过烹饪的食物才需要尝食，不需烹饪的食物就不必尝食（《礼记·玉藻》）。

南朝谢裕病重时，谢述尽心侍奉，料理汤药，饮食一定品尝之后才进献给兄长（《南史·谢述传》）。谢述为兄长尝食，正是品尝火候、味道以及温度是否合适。人们现在照顾病人依然会这样做。

国君赏赐臣子食物，而且以客礼相待的话，国君命臣子祭，臣子才祭，然后臣子为国君尝食，遍尝各种佳肴，饮一杯酒，等待国君享用。如果已有替国君尝食的人，那要等国君先享用，臣子才可以吃。尝食的时候，要遵循由近及远的原则，以免给人贪食美味的感觉（《礼记·少仪》）。

当然，尝食确实也有防人下毒的作用。尝食防人下毒只是一种非常态现象。礼仪的常态，尝食主要还是品尝饭食是否夹生、焦糊或者味道是否适中。

饮食先后

礼规定，"燕侍食于君子，则先饭而后已"（《礼记·少仪》）。侍奉尊长燕饮，卑者应该为尊长尝食，所以卑者"先饭"。卑者要等尊长吃完，才可以停止饮食，所以卑者"后已"。但是"先饭"只是稍微品尝一下，然后要等尊者进食之后，卑者才真正开始进食。"后已"有劝食之意。综合起来看，还应该是尊者先开始，卑者后结束。侍奉长者饮酒，年少者要等长者先饮完杯中酒，才可以饮酒（《礼记·玉藻》）。

谢蔺（lìn）五岁时，如果父母还未吃饭，乳母让他先吃的话，他都会说，"父亲、母亲都没吃饭，我还不饿"。即便乳母勉强他吃，他也不会进食（《梁书·孝行传》）。

宾主燕饮，一开始，主人要

幼年谢蔺不先饭

请宾先食，临近尾声还要劝宾多食，不可以先告饱，所以一般都是宾先开始，主人后结束。但是，如果宾客比主人低一等，主人没有逐一享用完佳肴，宾客不可以先漱口（漱口表示吃饱），要等待主人（《礼记·曲礼上》）。

宾客不可以不等主人邀请，就擅自进食。黄祖（东汉末年将领）在艨艟（méng chōng，战船）上宴请宾客，按照当时惯例先进黍臛（huò，杂有黍米的肉羹）。祢衡也参与了宴会，黍臛刚端上来，他不等主人邀请，也不管左右的人，便吃了个饱。吃饱后，他又抟（tuán）起饭团来玩（《祢衡别传》，《太平御览》卷八百五十引）。祢衡素来恃才傲物，那些举动都是没把别人放在眼中。后来他当众羞辱黄祖，终于招来杀身之祸。

食　仪

殷仲堪（东晋末年重要将领）担任荆州刺史时，当地连年水旱，百姓饥馑。殷仲堪生活节俭，盘无余肴，饭粒掉落席间，他也会拾起来吃掉（《晋书·殷仲堪传》）。虽说惜物的精神是可贵的，但落饭食毕竟失仪。参加燕饮活动，尤其应该注意食仪。食仪我们已经在《容礼》（《中华日常礼仪基础教程》第一册）中做过系统介绍，这里不再重复。我们仅补充一下燕饮时保持洁净方面的礼仪。

依礼，燕饮之前必须盥（guàn）手。燕饮过程中，如果手沾染了油腻，则要用帨（shuì）巾擦拭。燕饮结束，要"覆手"，要"虚口"。"覆手"是指吃饱后，覆手（掌心朝下，有遮掩的作用）以循口边（抹嘴），以免有残食粘在上面（《礼记·玉藻》）。今天人们多用餐巾来代替手。"虚口"，又称为"酳（yìn）"，是饭后饮酒（黄酒）或浆来漱口。它有两个作用，一是保持口腔清洁，二是安食气（《礼记·曲礼上》）。后世，则改用茶（茶可以归属于浆）。

食不求饱

礼规定，"食于人不饱"（《礼记·玉藻》）。今人看来有些不近人情。燕饮很多时候主要是为了行礼，而不是单纯为了饮食，吃得太饱，就显得因食忘礼、重财轻礼了。

礼食，宾客"三饭告饱"（吃三口饭），主人劝食之后，才又坐下来吃饱（《仪礼·公食大夫礼》）。三饭告饱，正是君子食不求饱之意（见《仪礼·公食大夫礼》郑玄注）。

另外，与人共同吃某种大食器里的食物，不宜吃饱（共食不饱。《礼记·曲礼上》）。吃大锅饭的时代，人们琢磨出来"头碗浅，二碗满"的诀窍，以求吃饱，那是衣食不足时代的无奈，不足为训。

孔子到丧家帮助处理丧事，主人提供饮食，孔子会草草用些，但从不吃饱（《论语·述而》）。这时如果不吃，就会影响工作；如果吃饱，就会显得没有恻隐之心。孔子的做法符合人情，后来成为礼仪的条文（《礼记·檀弓上》）。

宾客吃饱与否，有时可以视主人招待的情况而定。季孙氏宴请孔子，礼数不周。孔子进食前也不推辞，三饭之后，没有吃肉食，直接以饮浇饭并吃下去，表示吃饱（《礼记·玉藻》）。少施氏宴请孔子，礼数周到，孔子也按照礼仪来进食。孔子祭食，少施氏站起来推辞说："只是粗食，不足以用来祭啊。"孔子以饮浇饭（飧），少施氏又站起来推辞说："只是粗食，不可强饱，以致伤害玉体。"孔子觉得高兴，就吃了个饱（《礼记·杂记下》）。

如果主人家境贫寒，食物粗劣，宾客则要吃饱，不可浅尝辄止。因为那样会有嫌弃主人食物的嫌疑。亥唐是晋国贤人，隐居陋巷。晋平公前往造访，亥唐让他进来他才敢进来，让他坐下他才敢坐下，让他吃他才敢吃。虽然只是粗食菜羹，晋平公也都吃饱。如果此时不吃饱，就是对贤人亥唐的不敬了（《孟子·万章下》）。

传统礼仪讲究"不尽人之欢，不竭人之忠"（《礼记·曲礼上》），事事留余，以保全交情。宴会上，即便主人再热情地劝食，宾客也不可将食物吃尽（凡侑食，不尽食。《礼记·玉藻》）。

撤　食

宾主卒食之后，宾客要主动撤食，授给赞礼者。主人应该马上站起来，推辞。主人推辞之后，宾客不必坚持，可以还座（《礼记·曲礼上》）。如果宾客比主人地位低一等，则要坚持撤食。使者受到主国国君招待，最后使者自撤粱饭与酱（粱饭与酱是国君亲设。《仪礼·公食大夫礼》）。

如果主人尊敬宾客，亲自为宾客荐食，那么宾客也要亲自撤食，以表示对主人的尊敬。如果彼此共事而居于一室，并无宾主之分，就由最年少的人撤食。如果大家共同去某地做某事而聚集在一起饮食，没有宾主之分，也由最年少的人撤食（《礼记·玉藻》）。以上都是指男子之间的燕集，要有撤食的礼仪。女子之间燕饮，女宾不必撤食（《礼记·玉藻》）。为何女宾不必撤食呢？有人认为是"妇人弱不胜事，故不彻"（彻，通"撤"。卫湜《礼记集说》卷七十七）。这一说法太牵强了。郑玄说是因为"妇人质，不备礼"（《礼记·玉藻》郑玄注），还有其道理。女子燕饮一般在内室进行，相对于男子来说为质（朴素），似乎不必讲求那么多的礼数。

丧　食

礼，居丧期间，不可饮酒食肉。后世法律规定，居丧期间，不可以参加宴会。但有些人蔑弃礼法，置之不顾。阮简父亲去世了，他出行在外遇到大雪，便造访浚仪县令。县令为其他宾客设黍臛，阮简毫无顾忌地吃起来。阮简此举受到时人的非议（《竹林七贤论》）。

南朝宋庐陵王刘义真在守父（宋武帝刘裕）丧期间，命属下准备肴膳，被长史刘湛制止。刘义真又偷偷派属下去索求鱼肉等珍肴，并在斋室内单设厨帐。刘湛有事禀告，正碰见他吩咐属下温酒、烤车螯（áo）肉。刘湛严肃地说："现在不宜吃这些食物。"刘义真说："天气如此寒冷，喝杯酒又有什么关系。长史跟我如同一家人，希望不要见怪。"下人把酒端上来，刘湛站起来生气地说："（您这样做是）既不能用礼要求自己，也不能用礼对待别人。"（《宋书·刘湛传》）

刘湛劝刘义真丧期不食酒肉

谢弘微（南朝宋文帝时大臣）的兄长谢曜（yào）去世了，弘微非常悲伤。虽然服丧期满，他还是不吃肉类。僧人慧琳曾跟他一起用餐，见他还是吃粗食、素菜，便劝他说："施主平素身体多病，服丧期满饮食还不恢复正常，这样有害于健康，反而于礼不合了。"谢弘微答道："衣冠之变（指丧服），不可逾越礼制，但是心中的悲伤，实在没有办法克制。"说罢，就不再用餐，唏嘘不已（《南史·谢弘微传》）。虽然从礼制来衡量，谢弘微的行为也是有悖于礼仪，但可以算是贤者之过。

思考讨论

礼中，尝食的作用是什么？

链接

行苇

敦（tuán）彼行（háng）苇，牛羊勿践履。方苞方体，维叶泥泥。戚戚兄弟，莫远具尔。或肆之筵，或授之几。

肆筵设席，授几有缉御。或献或酢（zuò），洗爵奠斝（jiǎ）。醓（tǎn）醢以荐，或燔或炙。嘉肴脾臄（jué），或歌或咢（è）。

敦（diāo）弓既坚，四鍭（hóu）既钧，舍矢既均，序宾以贤。敦弓既句（gōu），既挟四鍭。四鍭如树，序宾以不侮。

曾孙维主，酒醴维醹（rú），酌以大斗，以祈黄耇（gǒu）。黄耇台背，以引以翼。寿考维祺（qí），以介景福。

（《诗经·大雅》）

南有嘉鱼

南有嘉鱼，烝（zhēng）然罩罩。君子有酒，嘉宾式燕以乐。

南有嘉鱼，烝然汕汕（shàn）。君子有酒，嘉宾式燕以衎（kàn）。

南有樛（jiū）木，甘瓠（hù）累（léi）之。君子有酒，嘉宾式燕绥之。

翩翩者鵻（zhuī），烝然来思。君子有酒，嘉宾式燕又思。

（《诗经·小雅》）

第十课 娱宾

楚人奏乐惊郤至

晋国人郤（xì）至出使楚国，进行盟誓。楚共王设宴招待，子反相礼，挖了个地下室，把钟鼓等乐器放在里面。郤至正要登台阶，突然从地下传来音乐声，郤至不明所以，受到惊吓，跑出门去。子反说："天色已经不早了，敝国国君等候多时了，您还是快进来吧。"郤至说："贵国国君不忘两国先代的友好，热情招待下臣，赐给下臣隆重的礼仪，又加上钟鼓音乐。如果上天降福，两国国君相见，还能用什么礼节来代替这些呢？下臣不敢当。"子反说："如果上天降福，两国国君相见，也只能用一支箭彼此相赠，哪里用得着奏乐？敝国国君等着呢，您还是进来吧！"郤至数落子反无礼，最后说："您是主人，我也只得客随主便。"郤至回国后，将此事告诉范文子（晋国军事家）。范文子说："无礼之人必然会违背盟誓，晋楚大战势所难免，我们离死不远了。"（《左传》成公十二年）

按照礼仪，钟鼓等乐器悬挂在庭院中，宾客进入大门或进入庭院就要演奏音乐迎宾。当时晋楚争霸，子反素来好战，他相礼时，故意如此安排，就是想让晋国使臣出丑。燕饮活动中，主人会安排歌舞等娱宾。下面我们就来介绍一下这方面的礼仪。

乐　宾

演奏音乐是最常见的娱宾方式。礼仪活动中，迎宾、送宾都要演奏音乐。以周代国君与臣子燕饮为例，宾客进入庭院，乐人要演奏《肆夏》，乐曲轻松欢快，以表示和易、恭敬。直到宾主献酢，饮完杯中酒，乐曲才停止。燕饮结束，宾客离开时，乐人演奏《陔夏》。陔（gāi），有警戒之意，又有圆满完备之意。燕饮终日，酒罢，以《陔夏》收束，表明宾主都没有失礼，活动非常圆满。

主人与宾客行完一献之礼，才正式进入乐宾环节。先秦礼仪，乐宾时，歌唱、演奏的都是《诗经》中的乐曲。乐宾一般包括升歌、笙奏、间歌、合乐四个流程。而在宴会无算爵的阶段，也有无算乐。

升歌

乐宾时，歌者（乐工）升上堂歌唱，故称为升歌，而笙等器乐则在堂下演奏。这种"歌者在上，匏竹在下"的安排，是为了表明对人声的尊崇（贵人声也。《礼记·郊特牲》）。

升歌的乐工一般是四人，两人鼓瑟，两人唱歌。由于那时乐工都是盲人，所以他们升堂时要有相者扶持，乐器也由相者荷持。乐工升上堂，面朝北坐定之后，相者降堂。两名乐工歌唱《小雅》中的《鹿鸣》、《四牡》、《皇皇者华》，另两名乐工鼓瑟伴奏。歌唱完毕，主人献酒给乐工，并派相者辅助乐工祭酒。

之所以要歌唱《诗经》的这些篇章，是为表明宾主的德行（发德也。

《礼记·郊特牲》)。据说，鹿若发现苹草，不独自食用，而会相呼共食。这就犹如主人，有旨酒佳肴，邀请宾客共享。

裴安祖八九岁时，跟老师学习《诗经》。他听老师讲解《鹿鸣》后，对兄长们说："鹿得食相呼，而况人乎？"从此得到食物，未曾独食（《北史·裴安祖传》）。

《四牡》一诗，描写的是臣子奔走君命于外，忧心国事，而又思念父母以至悲伤的事情。忧心国事是忠，思念双亲是孝。乐工歌此诗，既是赞美宾主之德，也是勉励他们要做到忠孝之至。

《皇皇者华》描写的是臣子奉命出使，能够访贤问道、恪尽其职。乐工歌唱此诗当然也是赞美与勉励之意。

笙奏

升歌之后，堂下乐工吹笙。吹笙的乐工一般也是四位，三人吹笙，一人吹和（三笙一和而成声。《仪礼·乡射礼·记》）。和，是一种小笙。此时演奏的是《南陔》、《白华》、《华黍》。这三首诗，词句已经亡佚，但诗的大义却流传下来了。根据毛传，《南陔》，孝子相戒以养也；《白华》，孝子之洁白也；《华黍》，时和岁丰，宜黍稷也（《毛诗故训传》卷第九）。看来，这三首诗基本都是歌咏孝道的。娱宾时，这三首诗并不歌唱，只是纯粹以笙吹奏。吹奏完毕，主人也要献酒给吹笙的乐工。

间歌

笙奏之后，堂上、堂下乐工要进行间歌。间歌，是歌唱与吹奏轮流进行，堂上唱一首歌，然后堂下吹奏一支乐曲，如此轮流作乐（《仪礼·乡饮酒礼》）。堂上歌唱《鱼丽》，堂下吹奏《由庚》；堂上歌唱《南有嘉鱼》，堂下吹奏《崇丘》；堂上歌唱《南山有台》，堂下吹奏《由仪》。这六首歌曲都是《小雅》中的篇章。《鱼丽》、《南有嘉鱼》都是天下太平，宾主欢宴之诗。《南山有台》，则赞美宾客有贤德，是"邦家之基"、"民之父母"。《由庚》、《崇丘》、《由仪》，与《白华》等一样，都是笙诗，词句已经亡佚，只有诗义流传下来。根据毛传，《由庚》，万物得由其道也；《崇丘》，万物得极其高大也；《由仪》，万物之生各得其宜也（《毛诗故训传》卷第十）。看来，这三首诗应该是歌咏天下太平的。

合乐

间歌之后，要合乐。合乐，是歌声、众乐俱作，堂上、堂下共同奏乐。这时演奏、歌唱的都是《国风》中的篇章，具体是《周南》的《关雎》、《葛覃》、《卷耳》，以及《召南》的《鹊巢》、《采蘩》、《采蘋》。为什么合乐演奏这六首诗呢？根据毛传，这六首诗都是歌咏夫妇之道。周人认为文王具备圣德，受了天命。而文王的圣德并不是天生具备的，而是在人伦日用中砥砺出来的，"刑于寡妻，至于兄弟，以御于家邦"（《诗经·大雅·思齐》）。夫妇关系处理妥当，父子之间的亲情才能保全。历史上很多为人君者，不能"刑于寡妻"，宠幸姬妾，进而偏爱其子女，往往导致父子亲情受到损伤。国君偏爱个别子女，朝中大臣便会纷纷排班站队，各为其主，朋党倾轧。这样朝廷陷入党争，君臣的精力内耗于党派之争，自然没有心思治理天下、推行教化。周人认识到夫妇关系处理妥当与否对家庭、国家影响都是巨大的，所以便把歌咏夫妇之道的诗，"用之乡人焉，用之邦国焉"（《毛诗故训传》卷第一），希望能够化育天下，达致太平。

《合乐图》（局部）

合乐完毕，乐工对乐正说："正歌备。"乐正向宾禀报，乐工退出。乐宾便告一个段落。

乡大夫招待贤者、国君与臣子燕饮，都是用这种规制的音乐娱宾。射礼仪节繁冗，乐宾时，不必依次升歌、笙奏、间歌、合乐，可以只进行部分仪节。

若是国君招待外宾，还可以设房中之乐，弦歌《周南》、《召南》六首诗（《仪礼·燕礼·记》）。爵位越高，用乐的规格也越高。诸侯与诸侯燕饮，升歌《大雅》，合《小雅》。天子与大国之君燕饮，升歌《颂》，合《大雅》。

不论是升歌、笙奏，还是间歌、合乐，每次都只演奏三首乐曲，称为"三终"。之所以如此，是为了"和乐而不流"（《礼记·学记》），保持理性与节制，不沉溺于音乐之中。

按照这种规制，乐宾环节演奏《小雅》六篇（《白华》等无词，不计在内）、《国风》六篇，一共十二篇。至今，我们还能看到唐开元《乡饮酒礼》所用的《诗经》乐谱，称为《风雅十二诗谱》（朱熹《仪礼经传通解》卷十四）。

《风雅十二诗谱》之《鹿鸣》

无算乐

燕饮进入到无算爵的阶段，达到高潮，演奏音乐也没有特殊的规制了，可以间歌，可以合乐，称为无算乐。无算乐有点类似后世堂会的点戏。无算乐，跟无算爵一样，都是为了让宾主尽欢。

乐宾，先依礼奏乐，最后无算乐。饮酒，先以礼饮酒，最后无算爵。这样的礼仪设计张弛有度，充满理性，而又不乏温情。现代社会民间的宴会，有极个别演奏音乐毫无节制，有些甚至选取的曲目庸俗不堪。这些方面，我们都应该向古礼学习，学习那种节制、和顺与风雅的精神。

舞　蹈

周代重视舞蹈教育，贵族子弟十三学勺舞（属于文舞），十五岁学象舞（属于武舞），二十学大夏舞（文武兼备。《礼仪·内则》）。春夏学干戈（武舞），秋冬学羽籥（籥音 yuè，乐器。文舞。《礼记·文王世子》）。这些多是团体舞蹈，学习这些，俯仰屈伸可以塑造形体，进退整齐可以强化团队意识（《礼记·乐记》）。舞蹈当然也是一种娱乐活动，燕饮时自然可以用舞蹈娱宾。周代，国君与臣子燕饮时，可以在合乐之后，跳勺舞（《仪礼·燕礼·记》）。天子到太学视察，行养老礼，升歌《清庙》（歌颂文王的诗），然后演奏象乐，跳大武舞（表现武王伐纣的乐舞）。

宴会上，宾客也可以跳舞。《诗经》描写宾客喝醉之后，大呼小叫，舞步不正，丑态百出，"乱我笾豆，屡舞僛僛（qī，醉舞欹斜貌）"（《诗经·小雅·宾之初筵》）。

晋平公打算攻打齐国，先派范昭出使齐国刺探虚实。在国宴上，宾主燕饮极欢，范昭故意借着酒劲对齐景公说："请允许我喝君上酒樽里的酒。"齐景公不明就里，答应了他的非分要求，让人酌酒进献给他。范昭饮完后，晏子吩咐侍者撤去国君的酒樽，更换一套。酒樽等摆放好后，范昭又假装醉酒，心中不快而跳起舞来，对太师（乐师）说："你能为我演奏成周的音乐吗？我来伴舞。"太师回答："在下愚笨，没有学习过。"范昭心中已经有数，便告辞，快步退去了。宴后，景公埋怨晏子得罪了大国的使臣。晏子说："范昭并不是不懂礼的人，他是故意试探我们君臣，因此我断绝了他的念头。"景公又问太师为何不给范昭演奏成周的音乐。太师说："成周之乐，是天子之乐。如果演奏成周之乐，国君一定要

范昭使齐

起舞。范昭只是个臣子，却想用天子之乐伴舞，所以我推托不会。"范昭回国后，将此事禀报晋平公，认为齐国不可小视，不能轻易讨伐齐国（《晏子春秋》第五卷）。

刘发是汉景帝第六子，不受宠爱，被封为长沙王。景帝后元二年，诸王朝见天子。宴会上，皇帝命诸王歌舞助兴。刘发跳舞时，缩手缩脚，在座的人都笑他笨拙。景帝感到奇怪，问其缘故。刘发回复道："臣国小地狭，不足回旋。"景帝明白他的意思，把武陵、桂阳分封给他（《汉书·景十三王传》应劭注）。

以舞相属（zhǔ，相连、相代），是主宾之间以及宾客之间活跃宴会气氛的一种娱乐形式。一人先起舞，然后以舞属某人，所属者代之起舞

（《乐府诗集》卷五十二）。以舞相属，也有礼数。

起舞者不可以自己跳个不停。三国时吴国重臣顾雍的孙子顾谭，在孙权侄女与顾雍外甥的婚礼上，喝得大醉，再三起舞，而且不停地跳。顾雍次日将顾谭叫到跟前，训斥了一番（《江表传》，《三国志·吴书·顾雍传》裴松之注引）。

起舞者也不可以强行属舞（前一个人舞罢，顺邀另一人起舞）。东汉末年九真太守儋（dān）萌替岳父周京作主人宴请宾客，酒酣作乐，功曹番（pān）歆起舞，并以舞属周京。周京不肯起舞，番歆一再相强。儋萌气不过，便杖打番歆。番歆受罚之后，逃亡在外。他的弟弟番苗率众造反，攻打太守府，用毒箭射死了儋萌（《三国志·吴书·薛综传》）。

被属的人，一般要热情地回应，否则会被认为是轻视对方。蔡邕（yōng，东汉时期著名文学家、书法家）遭人诬陷，流放五原。后来遇到大赦，皇帝允许他回到本郡。回乡前，五原太守王智为他钱别。酒酣，王智起舞，以舞属蔡邕。蔡邕没有回应他。王智的哥哥王甫是皇帝身边的红人，所以王智为人骄贵。蔡邕的拒绝，让他在宾客面前颜面扫地，他破口大骂：“你这个囚徒，竟敢轻视我！”蔡邕拂衣而去。王智衔恨在心，上书诬告蔡邕诽谤朝廷。蔡邕不得已只好亡命天涯，在吴地住了十二年（《后汉书·蔡邕传》）。

舞蹈常与音乐相配使用，古礼也常把舞蹈归属于乐。孔子说，“不能乐，于礼素”（《礼记·仲尼燕居》），乐舞是先秦贵族自幼学习的内容，这些自然为燕饮活动增色不少。现代社会，宴会上常会安排专业的演员跳舞娱宾。一些少数民族则仍然保持主宾之间相互属舞的礼俗。

赋　诗

先秦时代，外交燕饮活动中，君臣常通过赋诗的方式委婉表达自己的观点。如果不精通《诗经》，就无法与他人沟通了。所以，孔子说，"不能诗，于礼缪（miù，通"谬"）"（《礼记·仲尼燕居》）。

鲁襄公二十七年，齐国大夫庆封出使鲁国。庆封的车子非常豪华。孟孝伯对叔孙豹说："庆季的车子，不是很豪华吗？"叔孙豹说："我听说：服装华美，德行配不上的话，最终不会有好下场（服美不称，必以恶终）。车子再豪华又有什么用？"叔孙豹宴请庆封，对他不甚礼敬，席上赋《相鼠》一诗。《相鼠》："相鼠有皮，人而无仪。人而无仪，不死何为？"这是讽刺庆封徒有其表。庆封竟然没有听出叔孙豹的言外之意（《左传》襄公二十七年）。

叔孙豹赋诗讥庆封

鲁昭公元年，晋国执政大臣赵武访问郑国，郑国罕虎特意安排五献之礼，但赵武坚持要行一献之礼。燕饮时，罕虎赋《野有死麕（jūn）》的最后一章"舒而脱脱兮，无感我帨兮，无使尨（máng）也吠"，以此表达希望赵孟作为大国执政者，能够用道义安抚诸侯，不要欺压小国之意。赵武则赋《常棣》中的"凡今之人，莫如兄弟"，并说："我们兄弟和睦团结，狗就不会乱叫了。"赵武的意思是郑国与晋国同为姬姓，是兄弟之国，晋国愿意与郑国永结友好。"尨"（狗）则是指晋国、郑国共同的敌人。

后世，燕饮赋诗逐渐变成创作诗歌。汉武帝以香柏为梁，筑造高台，台成置酒，君臣联句赋诗。这样的娱乐活动后来比较普遍。而文人雅集，分韵赋诗则是更常见的形式。写诗是古代文人的基本技能，随着文化复兴时代的到来，越来越多的人喜欢吟诗作赋，此种娱宾方式未尝不可再现。

宾主燕饮最重要的还是彼此之间的敬意。孔子说，"薄于德，于礼虚"（《礼记·仲尼燕居》），宾主双方的德行，或许才是燕饮时最美的佳肴吧。

思考讨论

燕饮礼仪中，先以礼奏乐，最后才是无算乐，蕴含怎样的思想？我们今天可以从其中汲取什么？

链接

赠丁翼

魏·曹 植

嘉宾填城阙，丰膳出中厨。吾与二三子，曲宴此城隅。
秦筝发西气，齐瑟扬东讴。肴来不虚归，觞至反无余。

我岂狎异人，朋友与我俱。大国多良材，譬海出明珠。

君子义休恃（zhì），小人德无储。积善有余庆，荣枯立可须。

滔荡固大节，时俗多所拘。君子通大道，无愿为世儒。

（曾国藩《十八家诗抄》卷一）

置酒高堂上

南朝宋·孔 欣

置酒宴友生，高会临疏棂（líng）。芳俎（zǔ）列嘉肴，山罍（léi）满春青。

广乐充堂宇，丝竹横两楹。邯郸有名倡，承间奏新声。

八音何寥（liáo）亮，四座同欢情。举觞发湛露，衔杯咏鹿鸣。

觞谣可相娱，扬解意何荣。顾欢来义士，畅哉矫天诚。

朝日不夕盛，川流常宵征。生犹悬水溜，死若波澜停。

当年贵得意，何能竞虚名。

（郭茂倩《乐府诗集》卷三十一）

跋：礼的味道

醴，汉儒称为甜酒，今人普遍认为就是米酒，其实不然。礼，莫重于正名，礼中的名词有其固定的内涵与外延，不容轻易损益、变改。"文名从周"（《荀子·正名》），秉持如此审慎的态度，才可能读懂礼。醴，正属于"文名"，它在礼中属于"饮"的范畴，与酒可谓泾渭分明，绝不相混。可惜，后人多把它视为"散名"，想当然地"从诸夏之成俗曲期"（《荀子·正名》），称之为酒。

这样一个无心之过，导致醴在后世的礼仪中名存实亡，从而辜负了周公制礼的良苦用心。醴之所以称为醴，正是因为它是一般社交场合（礼仪活动）所使用的饮品。醴是礼的物质载体，寄寓着理性清明的精神，以与酒的迷狂丧德相对峙。这是周公赋予醴的文化意义。

古代礼学家只告诉我们醴味甜，并没有详细介绍酿造方法。为了能品尝一下醴的味道，我曾下过一番功夫，翻检文献，探究酿醴法。终于在马王堆帛书《养生方》中发现了"为醴"的方子：

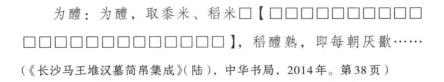

为醴：为醴，取黍米、稻米□【□□□□□□□□□□□□□□□□□□□□□□□□】，稻醴熟，即每朝厌歠……

（《长沙马王堆汉墓简帛集成》（陆），中华书局，2014年。第38页）

那些方框让我切实感受到了什么叫做历史的空白。后来，偶然间读到王克明先生《浊酒一杯说虀醴》（载《博览群书》2008年第10期）

一文，我才知道制蘖酿醴的方法还保存在黄土高原上，醴依然在陕北农人的酒杯中流转。醴宛如救世的英雄，功成身退，改换了头面（陕北人称醴为酒，称蘖为曲），"事了拂衣去，深藏功与名"。感谢黄土地，它让我们可以品尝到三千年前的味道，醴的味道，也就是礼的味道。

　　本书部分内容曾给"揆一讲经会"诸君讲解过，与会诸君启我良多。

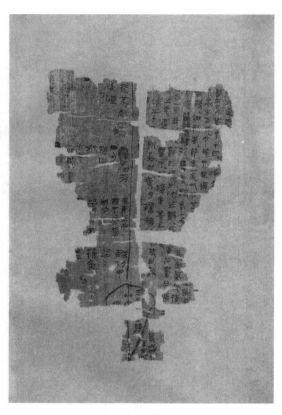

为醴方

茶礼部分曾蒙于良子先生、高婉蓉女史指教。梁宇女史为本书绘制了精美的插画。中华书局祝安顺兄、任洁华女史为本书的编辑、出版付出了大量的辛劳。谨志于此，以申谢忱。

　　本人治礼日浅，加以近年学殖荒落，书中不当之处，势所难免，尚祈海内方家教正。